Hobrack | Klassismus. 100 Seiten

*** Reclam 100 Seiten ***

MARLEN HOBRACK, geb. 1986, schreibt als Journalistin u. a. für den *Freitag*, die *Zeit* und die *taz*. 2022 erschien ihr Buch *Klassenbeste. Wie Herkunft unsere Gesellschaft spaltet*, 2023 folgte ihr Roman *Schrödingers Grrrl*. Als Literaturkritikerin wurde sie mit dem Jörg-Henle-Preis für Literaturkritik ausgezeichnet.

Marlen Hobrack

Klassismus. 100 Seiten

Reclam

2024 Philipp Reclam jun. Verlag GmbH,
Siemensstraße 32, 71254 Ditzingen
info@reclam.de
Umschlaggestaltung: Philipp Reclam jun. Verlag GmbH
nach einem Konzept von zero-media.net
Infografik (S. 10 f.): annodare GmbH, Agentur für Marketing
Bildnachweis: S. 19: picture alliance/dpa | Stefan Jaitner; S. 20: SINUS Markt- und Sozialforschung GmbH; S. 51: Gerhard Mester; S. 52: Nua Architecture; S. 52: Cody Guilfoyle; S. 56: redsolesandwine.com; S. 57: Image courtesy of RealMenRealStyle.com; S. 78: connox.de;
Autorinnenfoto: © Marcus Engler
Umschlagmaterial: Creative Print, Schabert
Druck und Bindung: Elanders Waiblingen GmbH,
Anton-Schmidt-Straße 15, 71332 Waiblingen
Printed in Germany 2025
RECLAM ist eine eingetragene Marke
der Philipp Reclam jun. GmbH & Co. KG, Stuttgart
ISBN 978-3-15-020714-7
reclam.de

Für mehr Informationen zur 100-Seiten-Reihe:
reclam.de/100Seiten

Inhalt

1 Wrestling und Eistorte
15 Welche Klasse darf's denn sein?
27 Klassismus ohne Klassenkampf?
45 Check your Habitus
61 Von den ›Anderen‹ erzählen
91 Klassismus, aber anders
98 Schluss – und Ausblick

Im Anhang Lektüretipps

Wrestling und Eistorte

»Gib's ihm, gib's ihm, hau drauf!« Meine Mutter ist in Rage. Sie ist nun kurz davor, vom Sofa aufzuspringen, ihr ganzer Körper wirkt angespannt. So wütend habe ich sie selten gesehen. Ich starre gebannt auf den Fernseher; die Wut meiner Mutter teile ich nicht, dafür die Faszination für das Spektakel der sich prügelnden Männer. Wir schauen Wrestling, es ist unser gemeinsames abendliches Ritual.

Ich stecke ein großes Stück Eistorte in den Mund, lasse den cremig-zarten Geschmack des mit Schokolade ummantelten Vanillekerns auf meiner Zunge zergehen. Eigentlich müsste ich längst im Bett sein. Ich bin Grundschülerin, es ist schon nach 10 Uhr.

Wie ein klassistisches Klischee wirkt diese Szene vor dem heimischen Fernseher: Das mit Süßigkeiten vollgestopfte Kind schaut fern, statt zu schlafen, um an nächsten Tag in der Schule konzentriert lernen zu können. *Was für Eltern betrachten ein Gewaltspektakel mit ihren Kindern? Da muss man sich doch nicht wundern, wenn nichts aus diesen Kindern wird!* Doch was heißt eigentlich ›Klassismus‹ oder ›klassistisch‹? Seit ein paar Jahren geistert der Begriff durch Beiträge oder Kommentarspalten und ziert immer häufiger Buchtitel.

Klassismus ist die Benachteiligung oder Abwertung einer Person aufgrund ihrer Klassenzugehörigkeit, so lautet die einfachste Definition des Begriffes, die man sogleich erklären und ausführen muss. Denn die Benachteiligung kann in Form von Ausgrenzung, Beleidigung, abwertenden Kommentaren oder abschätzigen Blicken in Erscheinung treten. Sie kann äußere Merkmale wie Kleidung, Frisur, sogar den Namen einer Person betreffen. Sie kann von Einzelnen ausgehen und sich gegen Einzelne richten sowie strukturell bedingt sein und systematisch erfolgen. Klassismus lässt sich in diesem Sinne analog zu den Begriffen ›Sexismus‹ und ›Rassismus‹ deuten: Auch dabei geht die Benachteiligung von wahrgenommenen äußerlichen Merkmalen aus – in diesem Fall Geschlecht und Hautfarbe.

Ausgrenzendes Verhalten kann in Form von kleinen Nadelstichen erfolgen – ein abschätziges Lächeln, wenn sich eine Frau im Meeting zu Wort meldet, ein besorgter Blick, wenn ein Schwarzer Mann einen Laden betrifft. Die Diskriminierung kann jedoch in einen größeren systemischen Zusammenhang eingebettet und mit massiven Gewalterfahrungen verbunden sein: Etwa, wenn man einem weiblichen Vergewaltigungsopfer keinen Glauben schenkt, weil man es für geldgierig oder rachsüchtig hält, oder wenn ein Schwarzer Mann eine Polizeikontrolle auf offener Straße nicht überlebt. Sie kann zudem rechtlich verankert sein: Das schlimmste Beispiel von Rassismus, der gesetzlich legitimiert wurde, ist die Sklaverei. Manche Aktivisten beschreiben Sklaverei zudem als extreme Form des Klassismus.

Ob man nun über Klassismus, Rassismus oder Sexismus spricht: Es geht nie nur um eine einzelne Beleidigung, eine einzelne Handlung, einen schiefen Blick oder – im schlimmsten Fall – einen Gewaltakt. Wer diese ›Ismen‹ anspricht und analysiert, wird solche Handlungen stets als Ausdruck einer Ideologie betrachten: Sie geschehen ja nicht zufällig, sondern sind Teil einer großen Erzählung, die etwas rechtfertigt. Frauen dürfen benachteiligt werden, so die sexistische Erzählung, weil sie grundsätzlich anders sind als Männer. Schwarze unterscheiden sich grundsätzlich von Weißen, so die Ideologie, die über Jahrhunderte Entrechtung und Versklavung rechtfertigte. Und Arbeiter und Arme sind schlicht weniger klug und weniger leistungsfähig, weswegen es okay ist, wenn sie prekär leben oder eine geringere Lebenserwartung haben.

Die allerwenigsten würden all das so offen aussprechen und benennen. Viele würden diesen Thesen sogar vehement widersprechen, weil sie sich falsch anfühlen oder beim Nachdenken als unmoralisch erscheinen. Und trotzdem hegen wir alle – und ich bin da keine Ausnahme – auf die eine oder andere Art klassistische, rassistische oder sexistische Vorurteile. Als Ideologie oder Narrativ darüber, wie Menschen (angeblich) sind, haben sie sich uns von Kindesbeinen an eingeprägt, man muss sie sozusagen bewusst verlernen. Dafür wird auch in deutschsprachigen Texten der Begriff ›Unlearning‹ verwendet. Er besagt, dass man sich bestimmter Ideologien bewusstwerden muss, um sie zu überwinden, aber selbst dann noch werden Vorurteile immer wieder unsere spontanen Entscheidungen beeinflussen. Es handelt sich um einen Prozess, in dem man sich selbst befragen muss, permanent.

Viele antiklassistische Autoren suggerieren, es gäbe eine Seite der Guten – jene also, die in jedem Fall antiklassistisch denken und agieren –, und eine Seite der Bösen – jene, die Klassismus bewusst instrumentalisieren oder einfach hemmungslos ausleben. Ich glaube, die Sache ist komplexer. Selbst

Menschen, die feministisch denken und handeln wollen, verfallen in Klassismen, wenn sie über Frauen der Arbeiterklasse sprechen. Auch Menschen, die von Rassismus betroffen sind, sind bisweilen blind für ihren Klassismus gegen weiße Männer der Arbeiterklasse, weil sie diese nur als »privilegierte Subjekte« lesen können. Klassismus ist nicht einfach das, was die anderen, womöglich »die da oben«, erzeugen oder für ihre Zwecke nutzen. Er steckt vielmehr in uns allen.

Wissen ist nicht neutral, es wird produziert. Das Wissen darüber, wie die Welt beschaffen ist und warum sie so beschaffen ist, wird nicht im luftleeren oder ideologiefreien Raum erzeugt. Da wir immer in eine bestimmte Gesellschaftsform, eine Klasse oder ein Milieu hineingeboren werden, übernehmen wir zunächst unbewusst deren ›Wissen‹ über die Wirklichkeit. Wissen wird auch ausgehandelt, korrigiert, neu interpretiert. Und das ist der Kern der Klassismuskritik und der Arbeit am Begriff: Ich muss zunächst einmal eine Definition oder ein Bild davon haben, was Klassismus ist – dann kann ich mein Wissen und meine Erfahrung damit abgleichen. Hoffentlich kann ich danach mein Weltwissen erweitern und eine neue Perspektive auf Dinge erlangen. Im besten Fall verstehe ich dann, dass es nicht nur darum geht, den Angehörigen einer anderen Klasse gegenüber nicht unhöflich zu sein – darum geht es sogar am wenigsten. Vielmehr gilt es, über Ideologie zu sprechen. Doch ich greife vor.

Obwohl das Wort Klassismus zur selben Zeit entstand wie jener des Sexismus, dauerte es insbesondere in Deutschland sehr lange, bis er an Bedeutung gewann. So neu ist der Begriff hierzulande, dass er erst seit Kurzem im Duden zu finden ist und von meinem Schreibprogramm permanent rot markiert wird. Ob ich vielleicht Klassizismus meine? (Klassismus ist keine Kunstepoche – so lautet der Name des antiklassistischen Kollektivs KIKK.)

Die zögerliche Durchsetzung des Begriffs mag damit zusammenhängen, dass zwar in den USA wegweisende feministische Autorinnen seit den 1970ern und 1980ern auf den Zusammenhang von Rassismus, Klassismus und Sexismus aufmerksam machten, die drei Vokabeln also stets im Verbund auftauchten, jedoch in Deutschland (und nicht nur hier) der Feminismus der Zweiten Welle ein Mittelschichtsphänomen war, weshalb die Bewegung Klassenfragen eher ignorierte. Das mag mit der Eigenwahrnehmung der Bundesrepublik als »nivellierte Mittelstandsgesellschaft« (Helmut Schelsky) zusammenhängen, in der man den Klassenaufstieg und -übertritt spätestens seit den 70er Jahren für möglich und die Klassenschranken für durchlässiger hielt. Obendrein ist die Wahrnehmung von Sexismus oder Rassismus in gewisser Weise »einfacher«. Die allermeisten haben einmal miterlebt, dass Menschen auf Basis ihrer Hautfarbe beleidigt wurden oder dass Frauen mit sexistischen Witzchen und Anzüglichkeiten konfrontiert wurden. Wir lesen von rassistischen Gewaltakten, und Frauen berichten von strukturellem Sexismus.

Der Klassenkonflikt scheint hingegen insbesondere in Deutschland mit seinem sozialen Sicherheitsnetz gut verborgen; man könnte auch sagen: Es wird besonders hart daran gearbeitet, ihn zu überdecken. Strukturelle Benachteiligung auf Basis der Klassenzugehörigkeit wird konsequent geleugnet im Mythos von der Leistungsbereitschaft, die sich lohnen wird. Wer sich anstrengt, wird es schaffen, heißt es dann, was wiederum impliziert, dass ein Arbeiter bei der Müllabfuhr oder eine Kassiererin sich schlicht nicht anstrengt? Höhere Bildung, die im Ausland oft sehr kostspielig ist, darf man in Deutschland weitgehend kostenfrei in Anspruch nehmen. Wer will da schon von Klassengesellschaft sprechen?

Doch der Klassenantagonismus codiert alle anderen Benachteiligungsformen über. Dass er im 21. Jahrhundert in anderer Form erscheint als im 19. oder 20. Jahrhundert heißt eben nicht, dass es ihn nicht mehr gibt. Man kann sich durchaus einen Kapitalismus denken, in dem es keinen Sexismus gibt, aber eben keinen, in dem es keine Klassen von Menschen gibt – es braucht die einen, die arbeiten, und die anderen, die Kapital besitzen und für sich arbeiten lassen können. Erneut greife ich vor.

Im Grunde ist Klassismus exakt so sichtbar wie Rassismus oder Sexismus, doch fehlte lange Zeit eben ein Terminus, um etwas, das man womöglich unbewusst wahrnimmt, konkret zu beschreiben, zur Sprache zu bringen. Das ist es, was die Afroamerikanerin bell hooks in ihrem Buch *Die Bedeutung von Klasse* (*Where We Stand: Class Matters*, 2000) schildert, wenn sie sagt, ihre Familie habe zwar von Rassismus gesprochen, aber Klasse als diskriminierenden Faktor übersehen. Bemerkenswert erscheint, dass hooks selbst in ihrem Buch den Begriff Klassismus praktisch nicht verwendet, dafür aber umso deutlicher die Benachteiligungsstrukturen illustriert. Gleichwohl bewegte sie sich in einem feministischen, aktivistischen Umfeld, in dem Klassismus und seine Effekte diskutiert wurden.

In Pierre Bourdieus Studie *Die feinen Unterschiede* (*La distinction. Critique sociale du jugement*, 1979), in der er die französische Klassengesellschaft beleuchtet, glänzt der Begriff Klassismus ebenfalls durch Abwesenheit. Bourdieu muss stattdessen auf die wenig elegante Begriffsbildung »Klassen-Rassismus« zurückgreifen. Doch zeugt die Analogiebildung des französischen Soziologen immerhin von der Bedeutung, die er der Abwertung anhand von Klasse zuschreibt. Sie ist Ausgrenzung und Gewalt, sie ist Teil einer Ideologie.

Wer aufmerksam beobachtet, zuhört und liest, kann überall Beispiele für Klassismus entdecken. In Fernsehsendungen ebenso wie in Feuilletontexten. In Filmen wie in Universitätsseminaren. Insofern gibt es kein Problem der Sichtbarkeit, wohl aber eines des Bewusstseins. Während sich heute die akademisch gebildete Mittelschicht gerade darüber definiert, dass sie Rassismus und Sexismus ablehnt (was keineswegs heißt, dass sie nie rassistisch oder sexistisch handelt und denkt), scheint ein Teil derselben in diesem Land geradezu stolz zu sein auf ihre klassistischen Klischees, die sie unter keinen Umständen hinterfragt sehen will.

Das illustriert eine Kolumne Jan Fleischhauers mit dem Titel »Wer diesen Satz lesen kann, hat gute Eltern«. In der Kolumne soll es um die »neue Klassengesellschaft« gehen, um die Bildungsungerechtigkeit im deutschen Schulsystem. Ausgangspunkt ist eine Studie, wonach ein Fünftel der Grundschüler am Ende der vierten Klasse nicht ausreichend gut lesen kann. Fleischhauer nimmt diesen Befund nicht zum Anlass, über strukturelle Benachteiligung, die Güte des deutschen Schulsystems oder die Frage der frühkindlichen Förderung in Kitas nachzudenken. Stattdessen liefert er ein Bilderbuchbeispiel für klassistische Beleidigungen:

»Dass der Arme manchmal vielleicht auch deshalb arm ist, weil er faul ist oder vom Alkohol verblödet, ist ein Gedanke, der in unserer auf sozialen Ausgleich bedachten Gesellschaft als so anstößig gilt, dass er nicht zugelassen werden darf.«

Arm, faul, verblödet – so sieht es eben aus in der deutschen »Unterschicht«, der »Armutsklasse«, und es braucht schon einen aufrechten Journalisten, um der Gesellschaft einen Spiegel vorzuhalten, der die Wahrheit zeigt: dass die faulen, verblödeten Armen nicht zu retten sind, weder durch Geld noch durch bessere Schulen. Wer das Gegenteil behauptet, ist ein romantisierender Träumer.

Das Bemerkenswerte an dem Satz ist, dass er vorgibt, eine verschwiegene Wahrheit zu formulieren, sich also ehrlich zu machen, tatsächlich aber mit ideologischen Verschleierungen arbeitet. Dieser Satz offenbart eine Vielzahl von klischeebehafteten Annahmen und Vorstellungen, konstruiert »Wahrheiten« und »Zusammenhänge«, die keine sind. Was bedeutet etwa »faul«? Ist eine Alleinerziehende, die drei Kinder versorgt, arbeitet und ergänzend Bürgergeld bezieht, faul? Ist ein Arbeiter, der in einer strukturschwachen Region lebt und keinen Job mehr findet, faul? Und selbst wenn es Arme gibt, die faul sind: Welcher Zusammenhang besteht zwischen der Faulheit der Armen und dem Lesenlernen der Kinder in der Schule?

Mag sein, dass Alkoholkonsum »verblödet«, aber tut er das bei Angehörigen der Mittelschicht nicht ebenso? Studien zufolge wird in den Mittelschichten Europas mehr Alkohol konsumiert als in der von Fleischhauer geschmähten Armutsklasse. Wenn Alkoholkonsum – auf welcher Basis auch immer – die Lesefähigkeit von Kindern beeinflusst, so müsste dies umso stärker für die Mittelschichten gelten.

An Fleischhauers Satz ist also nichts faktisch wahr, trotzdem glaube ich, dass viele Leser nach der Lektüre fröhlich nicken: Endlich hat es einer gewagt, die Wahrheit zu benennen! Auf solche »Wahrheiten«, die der Mittelklasse ein gutes Gefühl bereiten, werde ich in diesem Buch häufig zurückkommen. Ich kann mir nicht vorstellen, dass ein Text, der in ähnlicher Offenheit rassistisch oder sexistisch gewesen wäre, die Qualitätskontrolle beim SPIEGEL passiert hätte. Das gehört sich nicht, das gehört nicht zum guten Ton. Doch mit den Armen kann man es machen.

Klassismus hat für die Mittelklasse eine Funktion, ist Mittel zum Zweck: Klassistische Erzählungen von der Faulheit und Dummheit der Armen legitimieren deren schlechte Behandlung. Wenn den Armen ohnehin nicht zu helfen ist, muss man gar nichts mehr umverteilen und die hart arbeitenden Mittelklassen »schröpfen«. Man muss nicht einmal mehr Mitleid mit den Armen haben, denn ihre Klassenzugehörigkeit ist beinahe naturgegeben. Man hat schließlich auch kein Mitleid mit Nashörnern, weil sie nicht fliegen können.

Mit anderen Worten: Erzählungen über Arme, über »Asoziale«, über einfache, ungelernte Arbeiter und prekär Beschäftigte, die diesen jeweils die Schuld an der eigenen Misere geben, stabilisieren das System. Sie haben eine Rechtfertigungsfunktion. Sie erklären die großen, himmelschreienden Unterschiede. Sie entlasten die Mittelklasse und jene Klasse der Reichen, die von der Armut unmittelbar profitieren. Man muss sich nicht schuldig fühlen – oder gar als Profiteur eines ungerechten Systems. Man muss sich nicht einmal schämen, weil man andere beleidigt und abwertet – schließlich ist man nur ehrlich.

Das ist nun harter Tobak. Geradezu Selbstkasteiung, wo ich doch der Mittelklasse angehöre. Es ist auch Kritik an meinen Peers, an meiner Filterblase. Kritik etwa an den Lehrern in meinem Umfeld, die die Kevins in ihrer Klasse für unbeschulbar halten, weil Kevin eben kein Name sei, sondern ein Syndrom. Selbst wer es nicht so laut und prominent ausspricht wie Fleischhauer, ist empfänglich für das Bild von der verblödeten, faulen »Unterklasse«.

Wie sich Klassismus bemerkbar macht

Die Ausbildung der Eltern beeinflusst den eigenen Schulerfolg

Verteilung der 11- bis 15-Jährigen auf die Schulformen der Sekundarstufe 1, nach höchstem beruflichem Abschluss ihrer Eltern (2018)

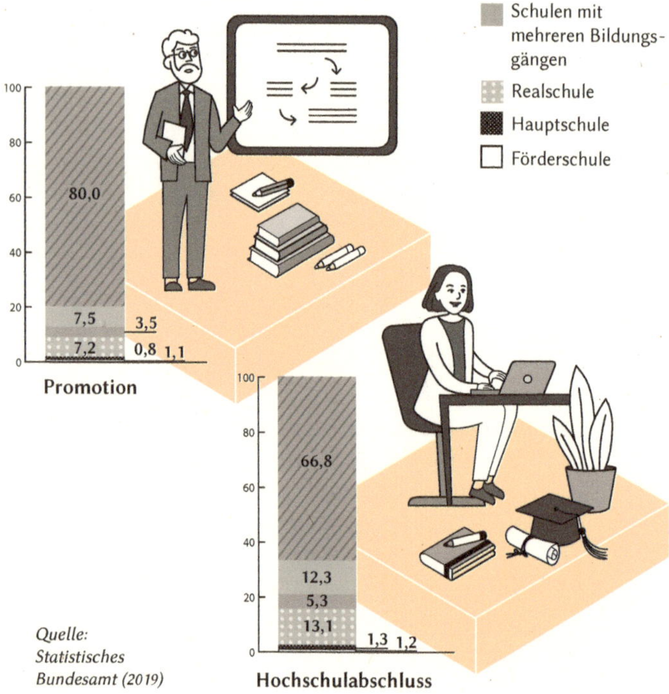

Quelle: Statistisches Bundesamt (2019)

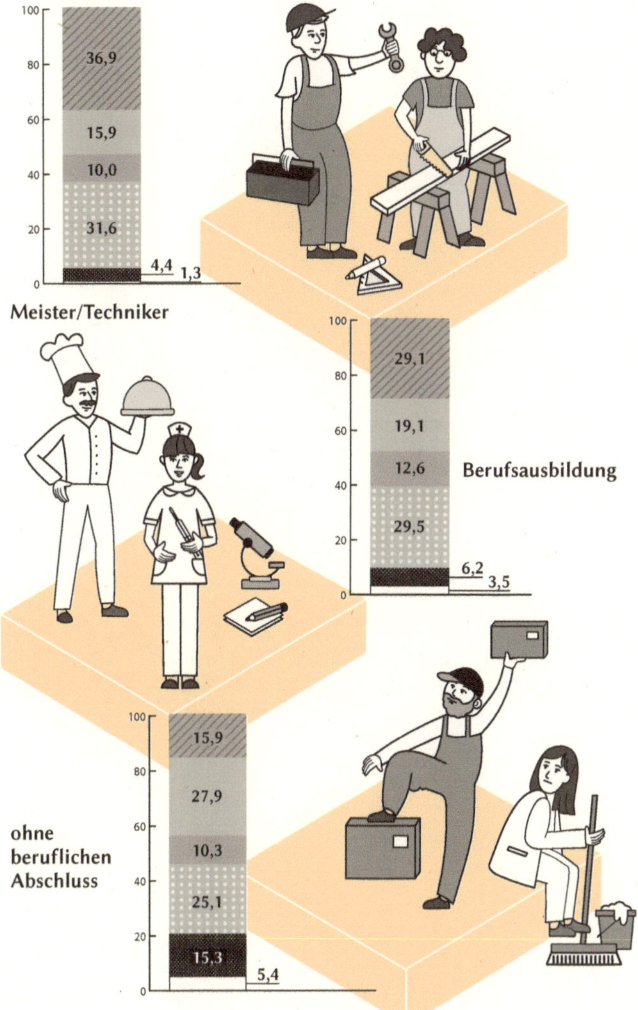

100
80
60
40
20
0
36,9
15,9
10,0
31,6
4,4
1,3
Meister/Techniker
100
80
60
40
20
0
29,1
19,1
12,6
29,5
6,2
3,5
Berufsausbildung
100
80
60
40
20
0
15,9
27,9
10,3
25,1
15,3
5,4
ohne beruflichen Abschluss

Fun Fact

Wussten Sie, dass es an der Universität Leipzig eine Namensberatungsstelle gibt? Eltern können sich in einer telefonischen Sprechstunde nicht nur über die Herkunft des ausgewählten Kindernamens beraten lassen; die Wissenschaftler versorgen die Eltern auch mit Daten zur Wahrnehmung der Namen durch andere.

Gabriele Rodríguez, die am Namenkundlichen Zentrum der Uni Leipzig arbeitet, hat ein Buch darüber geschrieben: Namen machen Leute: Wie Namen unser Leben beeinflussen. Im Klappentext dazu heißt es: »Namen wecken automatisch Assoziationen in uns, die wir mit einem Attribut verknüpfen – bewusst oder unbewusst. Das geht sogar so weit, dass Lehrer Kevin und Justin nicht nur weniger zutrauen als Alexander oder Maximilian, sie benoten sie mitunter auch schlechter. Und das bei gleicher Leistung. Aber woran liegt es, dass wir Menschen anhand ihres Namens beurteilen?« Womöglich lautet die Antwort: Klassismus. »Klara« klingt nach der hübschen Tochter eines Akademikerpaares. Welcher Schicht ordnen wir dagegen »Chantal« zu?

Allerdings gibt es auch Menschen wie Fleischhauer – gebildete und gutverdienende –, die klassistische Klischees als das enttarnen, was sie sind: ein Mittel zur Unterdrückung. Häufig handelt es sich um sogenannte Klassenaufsteiger, man könnte sie mit Antonio Gramsci auch »organische Intellektuelle« nennen – Menschen, die sich nach dem Aufstieg ins »Bildungsbürgertum« ein Bewusstsein für die Seins- und Lebensbedingungen der Schicht oder Klasse bewahren, aus der sie stammen.

Nun bin ich selbst eine »Klassenaufsteigerin«, ich gehörte selbst zu jener Klasse, der Fleischhauer die Sorge für das geistige Wohl ihrer Kinder abspricht. Meine Mutter war nach der Scheidung von meinem Vater arm trotz Arbeit, und zwar gerade deshalb, weil sie das Studium ihrer drei Kinder finanzierte. Meine Mutter hatte in ihrer Jugend zunächst nicht die Oberschule abschließen können und erhielt erst über den Umweg ihrer Lehre ein Zehnte-Klasse-Abschlusszeugnis. Dass sie selbst nach ihrem überraschenden Aufstieg in die Mittelklasse nach der Wende eine »Frau ihrer Klasse« blieb, das erzähle ich in meinem Buch *Klassenbeste* (2022), mit dem ich zeigen möchte, dass Klassenzugehörigkeit über die Frage, über wie viel Geld man verfügt oder welche Formen von Arbeit man ausübt, hinausgeht.

Bei Lesungen aus dem Buch werde ich häufig gefragt, warum ich es schreiben wollte, was mein Antrieb gewesen sei. Grund waren die klassistischen Ressentiments, die von der Mittelklasse ausgehen, es war der klassistische Blick der »Mitte« auf Menschen wie meine Mutter. Jan Fleischhauer hätte vermutlich kein Verständnis für eine Mutter wie meine, die den Fernseher bisweilen als Babysitter benutzte, jedenfalls die Fernsehzeiten ihrer Kinder nie einschränkte, und für die ein gelungener Abend oder ein schönes Wochenende vor allem eines bedeutete: es sich vor dem Fernseher gemütlich zu machen. Was auch bedeuten konnte, dass man halbnackten Männern dabei zusah, wie sie einander verprügelten. Weder half unsere Mutter uns Kindern bei den Hausaufgaben, noch hatte sie ein schlechtes Gewissen deswegen (wobei ihre DDR-Sozialisation eine Rolle spielte – sie verließ sich darauf, dass der

Staat für die Bildung ihrer Kinder sorgte). Dass wir trotzdem lesen lernten und sogar studierten, klingt vor diesem Hintergrund geradezu atemberaubend und widerlegt ganz nebenbei einige Mythen über den Schulerfolg.

Offensichtlich sensibilisiert die Sozialisation in einem »Milieu« oder einer Klasse abseits der akademisch gebildeten Mittelklasse für klassistische Klischees und Abwertungen. Aber das erklärt noch nicht die Blindheit für Klassismus, die man noch immer in unserer Gesellschaft vorfindet. Oder gar den Stolz auf die eigenen Ressentiments, die vielen als zwar harte, aber ehrlich geäußerte Wahrheiten erscheinen. Also gilt es, Mechanismen und Formen des Klassismus genauer zu betrachten. Doch bevor ich das tun kann, müssen wir noch einmal auf null zurück: Ich habe bisher den Begriff ›Klasse‹ ganz selbstverständlich benutzt. Aber was ist Klasse, und was meint das Wort konkret im Kontext von Klassismuskonzepten?

Welche Klasse darf's denn sein?

Viele, die über Klassismus schreiben, halten sich nicht lange mit Kategorien und Definitionen auf. Je nach akademischem und aktivistischem Background werden Begriff und Konzept von Klasse mit geringerer oder größerer Trennschärfe gebraucht. Oft wird sogar explizit betont, der Klassenbegriff solle pragmatisch gehandhabt werden. Nicht zuletzt scheint darin die jeweilige nationale Tradition durch, da jedes Land anders auf Klassen und Schichten blickt. Gesprochen wird im Allgemeinen von der Reichtumsklasse, der Armutsklasse, der Arbeits- bzw. Arbeiterklasse sowie der Mittelklasse. Daneben gibt es manche, die von der politischen bzw. herrschenden Klasse sprechen und die Mittelklasse weiter ausdifferenzieren in untere, mittlere und obere Mittelklasse.

Riccardo Altieri etwa unterscheidet in seinem Buch *Klassenschranken* zwischen Armutsklasse, Arbeitsklasse, Mittelklasse und Reichtumsklasse. Mir erscheint diese Unterteilung zu oberflächlich. Sie verweist uns zudem auf ein Definitionsproblem, das uns in diesem Text immer wieder beschäftigen wird: Was unterscheidet die *Arbeitsklasse* von der *Mittelklasse*? Welcher Begriff von Arbeit liegt hier zugrunde – Lohnarbeit, also abhängige Beschäftigung? Welcher Klasse etwa würde ein selbständiger Handwerker angehören? Mit anderen Worten: Ist die Behauptung einer Differenz zwischen Mittelklasse und Arbeitsklasse korrekt? Und hört man auf, Teil der Arbeiterklasse zu sein, sobald man etwa als Facharbeiter in der Automobilbranche ein sehr gutes Einkommen erzielt?

Ich habe zudem Schwierigkeiten mit dem Begriff der Arbeitsklasse, weil er die Menschen, die arbeiten, unsichtbar macht. Ich nehme an, es handelt sich um den Versuch, den Begriff *working class* einzudeutschen, aber grammatikalisch korrekt müsste man dann von der arbeitenden Klasse sprechen, was ich im Folgenden häufig tun werde, wobei ich ebenso von der Arbeiterklasse spreche. Julia Friedrichs definiert in ihrem Buch *Working Class* die Arbeiterklasse als die Gruppe jener, die abhängig beschäftigt sind, was die Gruppe schlagartig anwachsen lässt, die gesamte Mittelklasse einschließt und zeigen soll, dass die Interessen der Mittelklasse keineswegs jenen der traditionellen Arbeiterklasse entgegenstehen. Dabei geht es ihr darum, ein Bewusstsein für einen gemeinsamen Kampf zu schaffen: die Erkenntnis, dass am Ende die Interessen des Kapitals gegen die der Arbeit stehen und dass alle davon profitieren, wenn das Renten- und das Sozialsystem nicht vorrangig oder vollständig aus Arbeitseinkommen finanziert wird. Damit bewegt Friedrichs sich in großer Nähe zu Karl Marx, für dessen geschichtsphilosophischen wie ökonomietheoretischen Ansatz der Widerspruch zwischen Arbeit und Kapital, zwischen Proletariat und Bourgeoisie, zentral war.

Wenn ich von der arbeitenden Klasse spreche, meine ich all jene Beschäftigten in Bereichen, die vorrangig mit körperlicher Arbeit zu tun haben, Menschen also, die in klassischen Ausbildungsberufen arbeiten, etwa in den Sektoren Bau, Einzelhandel, Reinigungsgewerbe, Industrie, Service. Ich unterscheide ferner Facharbeiter, die über ein höheres Einkommen verfügen und häufiger in leitenden Positionen arbeiten, von un- oder angelernten Arbeitern. Außerdem unterscheide ich die arbeitende Klasse von den Angestellten in Büros (unabhängig von der Frage, ob diese Ausbildung oder Studium absolviert haben), also denjenigen, die man im Englischen als *white collar worker* bezeichnen würde.

Entscheidend ist, dass die Arbeiterklasse in die Mittelklasse hineinragt, man denke an die Mengenlehre im Mathematikunterricht: Es gibt Überschneidungen zwischen der Menge der Arbeiterklasse und der Mittelklasse. Und im Grunde sollte uns besonders interessieren, welche gesellschaftlichen Entwicklungen dazu führen, dass größere Teile der Arbeiterklasse ein Mittelklasseleben führen können – oder eben nicht.

Das führt uns zum Begriff der Mittelklasse, der ebenfalls Unschärfen besitzt und eigentlich auf das Schichtenmodell zurückgeht. Darin gibt es drei Schichten: Oberschicht, Mittelschicht und Unterschicht. Im Grunde gilt in diesem Modell jeder, der arbeitet, als Teil der Mittelschicht, weil der Begriff der Unterschicht nicht nur ein geringes Einkommen oder ein ökonomisch prekäres Leben impliziert. Das Wort Unterschicht ist eindeutig abwertend und meint stets ein Konglomerat aus geringer Bildung, geringem Einkommen (wobei eigenes Verschulden oder Unwillen impliziert wird) und häufig auch »asozialem« Verhalten. Und Arbeitslosigkeit. In diesem Sinne ist die Rede von der Unterschicht nie nur eine gesellschaftliche Positionsbestimmung anhand sozioökonomischer Faktoren, sondern zutiefst abwertend und ein klassistischer Begriff.

Allerdings wird es nun interessant: Ich kenne keinen Angehörigen der akademisch gebildeten Mittelklasse/Mittelschicht, der den Begriff Unterschicht verwenden würde – was aber noch lange nicht heißt, dass dieser Gruppe die damit verbundenen Stereotype fremd wären. Man denkt sich lieber seinen Teil oder unternimmt – wie im Falle Fleischhauers – den Versuch, seine klassistischen Stereotype als verschwiegene Wahrheit darzustellen. Oder man bemüht sich, ein netteres oder vermeintlich wissenschaftlicheres Wort zu finden: ›Prekariat‹ oder ›bildungsfern‹ beispielsweise. Dass es nicht genügt, eine Abwertung in nettere Worte zu verpacken, werde ich im Text noch häufig zu unterstreichen suchen.

Das Besondere an der Mittelschicht scheint mir zu sein, dass sie sich nur negativ als Nicht-Teil der Unter- oder Oberschicht definieren lässt. Sie befindet sich ökonomisch und sozial da, wo weder Armut noch Reichtum herrschen. Die Rede von der Mittelklasse oder Mittelschicht, die häufig zur »Mitte« verkürzt wird, impliziert ein gewisses Ethos von Leistungsbereitschaft und Fleiß, sie verweist auf Maß und Mitte – auf zahlreiche bürgerliche Tugenden. Im Grunde offenbaren sich darin Merkmale und Idealvorstellungen der bürgerlichen Gesellschaft des 19. Jahrhunderts, eines Arbeits- und Lebensethos des Bürgertums, wie es Max Weber in seinen Arbeiten beschrieb. Was Fragen der Kultur und der guten Lebensführung anbelangt, stellt die Mittelklasse ebenfalls die Messlatte dar. Das sieht man in politischen Debatten, wenn etwa die »schwäbische Hausfrau« als Vorbild für gute Haushaltsführung für den Staat gelten soll. (Der Typus der Hausfrau ist eine Mittelklasse-Figur, da eine Familie es sich leisten können muss, dass die Frau keiner Lohnarbeit nachgeht. In der Zeit vor der bürgerlichen Gesellschaft trug die Hausfrau Verantwortung für die Verwaltung der häuslichen Sphäre, insbesondere des Gesindes, war aber selbst nicht mit Hausarbeiten betraut, wie Evke Rulffes in *Die Erfindung der Hausfrau* zeigt.) Ein weite-

Wohnt hier die Mittelschicht? Oder ist das nur ein Klischee?

res Beispiel sind gesellschaftspolitische Debatten über familiäre Werte – welche eindeutig Mittelklassewerte sind. Interessant daran ist, dass nicht nur die als Unterschicht wahrgenommene Gruppe abgewertet wird, die man am unteren Ende der gesellschaftlichen Rangordnung verortet, sondern ebenso die Oberschicht. Ihr wird häufig ein verschwenderischer Lebensstil (nicht im Sinne der schwäbischen Hausfrau), Konsumsucht, unmoralisches Verhalten usw. vorgeworfen. Ob es sich dabei um eine Form des Klassismus handelt, werde ich später noch diskutieren.

Kann man wirklich von einer Mittelklasse sprechen? Tatsächlich sollte man den Klassenbegriff in diesem Falle mit großer Vorsicht genießen. Ich halte die Rede von der Mittelklasse für einen ideologischen Kniff, der eben dieser Schicht, der

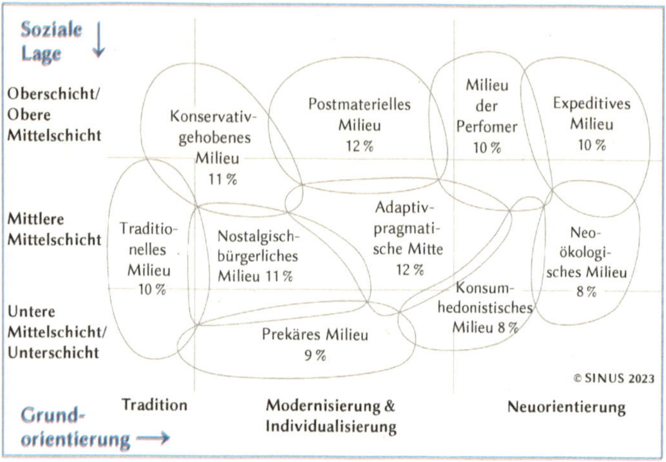

Die sogenannten Sinus-Milieus und ihre soziale Zuordnung in Deutschland.

Mitte zwischen Arm und Reich, suggerieren soll, sie teile politische Interessen und einen politischen wie moralischen *common sense.* Dem widersprechen allerdings neuere soziologische Modelle, welche die Mittelschicht/Mittelklasse in zahlreiche, teils konkurrierende oder gar verfeindete Milieus unterteilen. Wenn ich von der Mittelklasse spreche, meine ich ein Konstrukt, eine wirkmächtige Fantasie, die im politischen Diskurs eine Funktion erfüllt. Es handelt sich gerade nicht um eine Klasse mit einheitlichen Interessen.

Bleiben noch ›die da oben‹ – wie wollen wir sie nennen? Die Reichen, Reichenklasse? Die Elite? Die herrschende Klasse? Man muss vorsichtig sein mit Begriffen wie Elite und herrschende Klasse, da diese in rechtsradikalen Verschwörungsmythen auftauchen. Selbst in linken Theorien wird »die Elite«

nicht selten als einheitliche Gruppe dargestellt, die die Interessen der Mehrheit der Weltbevölkerung hintertreibt. Der Weg etwa zu antisemitischen Verschwörungstheorien ist von dort bisweilen nicht mehr weit. Ist etwa eine Lehrerin, die sich politisch engagiert und Bundestagsabgeordnete wird, Teil der herrschenden Klasse? Oder meinen wir damit eine kleine, weitgehend unsichtbare Schicht, das globale oberste Prozent?

Selbst wenn man die Elite oder die Reichen ökonomisch definiert, ergibt sich ein Problem: Altieri beispielsweise greift auf Daten des sozioökonomischen Panels zurück, wonach Menschen mit einem monatlichen Nettoeinkommen von über 3529 Euro als reich gelten. (Altieri, 2022, S. 14) Sicher darbt niemand mit diesem Einkommen, aber die allermeisten Menschen würden diese Summe noch nicht als Reichtum klassifizieren. Altieri hat diese Definition nicht erfunden, insofern ist ihm kein Vorwurf zu machen. Ich halte sie jedoch für problematisch, da sie keinen Eindruck von der Kluft zwischen gehobenem Einkommen und wirklichem Reichtum vermittelt. Meiner Meinung nach dient diese Reichtumsdefinition dazu, jede Kritik an der Schicht der Reichen und jede Form politischer Maßnahmen zur Umverteilung von Reichtum zu unterbinden. Wer seine Reichtumsdefinition an dieser Einkommenshöhe ansetzt, wird nie erreichen, dass Mittelklasseangehörige einer Vermögenssteuer zustimmen. Und genau das ist das Ziel.

Entscheidend für die Definition einer Reichenklasse scheint mir keine fixe Einkommensgrenze zu sein, sondern dass es um Menschen geht, die ihren Reichtum gerade nicht aus Arbeitseinkommen beziehen (und mehren), sondern aus Kapitaleinkommen. Das ist das Kriterium, das auf eine Differenz der Interessen verweist und die Klasse sehr gut definiert: Wer von

Kapitalerträgen lebt, der hat kein Interesse an hohen Kapitalertragssteuern, und es kann ihm egal sein, ob Arbeitseinkommen stärker besteuert oder mit Abgaben belastet werden.

Ich habe oben gesagt, der Begriff Reichtum lege vor allem eine ökonomische Kategorie nahe. Tatsächlich aber zeigt sich bei Wohlhabenden im Allgemeinen und Reichen sowie Superreichen im Speziellen, dass sie über enormen politischen, sozialen und wirtschaftlichen Einfluss verfügen. Wer über Generationen hinweg reich oder wohlhabend ist, kann seinen Kindern beste Ausbildungsmöglichkeiten verschaffen, selbst wenn diese als Sprösslinge weniger reicher Familien auf dem akademischen Feld keine Erfolge hätten feiern können – man denke nur an die Biografien von Donald Trump oder George W. Bush. Die genannten Männer waren bereits bei ihrer Geburt Teil der Reichenklasse. Sie verfügten über mehr als nur ökonomisches Kapital. Auf weitere Kapitalformen werde ich noch zu sprechen kommen.

Nun bleibt uns noch die Armutsklasse, deren Bezeichnung mir besonders problematisch erscheint. Im Wort scheint wiederum der Schichtbegriff durch, der die Armutsklasse als untere Gesellschaftsschicht – die unteren fünf, zehn oder gar 20 Prozent – definiert. Das Problem ist nur, dass aus Menschen, die die Eigenschaft der Armut teilen, noch lange keine Klasse wird. Man kann arm sein aufgrund von Erwerbsarbeitslosigkeit oder zur Schicht der *working poor* gehören, also arm trotz Arbeit sein. Man kann nach einer Scheidung verarmen (zumeist sind davon Frauen betroffen), obwohl man vorher recht wohlhabend war, oder man kann immer schon arm gewesen sein, vielleicht in dritter oder vierter Generation. Viele Studenten zählen, wenn man allein ihr Einkommen betrachtet, zur Gruppe der Armen, erleben sich gesellschaftlich jedoch weder als abgehängt noch chancenlos, da ihr Zustand zeitlich begrenzt ist – sie also Aussicht auf ein höheres Einkommen haben.

Es gibt viele Wege in die Armut, aber ist man einmal arm, ist es schwer, der Armut wieder zu entkommen. Die Frage, seit wann und aus welchen Gründen man arm ist, verweist darauf, warum Armutsbetroffene sich nicht ohne Weiteres als Klasse definieren können: Sie unterscheiden sich voneinander, was ihre Mentalität, ihre Lebenseinstellung, ihren Bildungshintergrund anbelangt. Man könnte sagen, sie unterscheiden sich habituell. Darin steckt ein sehr wichtiger Begriff für dieses Buch, eigentlich für alle, die sich mit Klassenfragen und Klassismus beschäftigen: Es geht um den Habitusbegriff bei Pierre Bourdieu, auf den ich gleich ausführlich zu sprechen kommen werde, wenn ich detaillierter von Klassenkonzeptionen und Konstrukten rede – ohne die wir schlicht nicht sinnvoll über Klassismus sprechen können.

Vorerst sei so viel festgehalten: Wenn wir von einer Armutsklasse sprechen, was wir, wie ich glaube, eher vermeiden sollten, dann sollten wir verstehen, dass es sich um eine rein ökonomische Definition handelt. Nach Zahlen des Statistischen Bundesamtes gilt ein Single als arm, wenn er weniger als 1250 Euro monatlich verdient; die Armutsquote schwankt in Deutschland um einen Wert von 15–16 Prozent. Diese Armutsquote deckt sich überhaupt nicht mit der Vorstellung, es gäbe einen »Bodensatz« der Gesellschaft, der nicht zu retten sei. Es handelt sich ja beinahe um ein Fünftel der Bevölkerung! Man muss schon ungeheure klassistische Energien mobilisieren, um so tun zu können, als handle es sich lediglich um die Schicksale Einzelner, die aus persönlichen Gründen (und damit eigenem Verschulden) *»abgehängt« wurden*. Natürlich hat die Sache System. Doch wie gesagt: Eine Masse von Betroffenen macht noch keine Klasse.

Ich werde in diesem Buch eher von Armutsbetroffenen sprechen, was meiner Meinung nach dabei hilft, Armut als etwas zu begreifen, das etwas mit Menschen macht – und das gleichzeitig gesellschaftlich wie politisch hergestellt wird. Durch Entscheidungen, die getroffen oder nicht getroffen werden. Wenn überhaupt von einer Klasse der Armen die Rede sein kann, so in dem Sinne, dass sie im Alltag häufig dieselben Abwertungen erleben. Wie diese aussehen, will ich später illustrieren. Ich glaube, dass just jene klassistischen Abwertungen verhindern, dass sich die Armen als Klasse begreifen.

*

Noch vor einigen Jahren hätte ich erhebliche Schwierigkeiten gehabt, meine eigene Klassenzugehörigkeit zu definieren. Keine Kategorie schien zu passen. Ich hatte keine Ahnung, wie ich das oben erörterte Dickicht aus Begriffen wie Schicht, Klasse und Milieu durchdringen sollte. Resultierten meine Probleme einfach daraus, dass meine Mutter eine Klassenaufsteigerin war? Aber in welchem Sinne, wohin war sie aufgestiegen? Aus der Arbeiterklasse in die Mittelklasse?

Zu meiner Verwirrung hatte beigetragen, dass in meiner Jugend niemand über Klassen sprach. Der Begriff war kein Teil politischer Debatten. Und ich zerbrach mir den Kopf erst recht nicht darüber. Dass wir seit der Scheidung meiern Eltern arm waren, weil meine Mutter hochverschuldet war, das wusste ich. Und die Tatsache, dass sie Beamtin war, was einen höheren gesellschaftlichen Status und ein höheres Einkommen signalisierte, als sie de facto besaß, war Fluch und Segen zugleich. Ein Fluch, weil viele Hilfsangebote für Schuldner bei ihr nicht griffen; ein Segen, weil »verschuldete Beamtin« immer noch besser klang als »verschuldete Arbeitslose«.

In meiner Grundschule gab es ein Schwesternpaar, das gemeinsam Einschulung feierte. Eine der beiden Schwestern war offensichtlich älter als die andere. Ich erinnere mich heute nicht einmal mehr an ihre Namen und spielte auch nicht mit ihnen (wobei ich generell mit niemandem spielte, weil ich viel zu schüchtern und introvertiert war). Ich weiß nur, dass die beiden oft gehänselt wurden. Heute ist es für mich offensichtlich, dass die Hänseleien etwas mit Klassenzugehörigkeit zu tun hatten. Die beiden Mädchen waren anders, sie waren arm.

Ich betone stets, dass meine Grundschulklasse sehr homogen war: Natürlich gab es nur weiße Kinder, und die Eltern gehörten allesamt der Klasse der Werktätigen an (die DDR war, was die Einkommen anbelangte, eine nivellierte Werktätigengesellschaft, denn selbst Akademiker verdienten dort nur unwesentlich mehr Geld, und die kleine Elite lebte ohnehin völlig abgesondert). Es gab nur ein Akademikerelternpärchen; alle anderen Eltern waren Facharbeiter oder selbständige Handwerker. Aber die feinen Unterschiede traten umso deutlicher im Umgang mit den beiden Mädchen zutage. Bereits Kinder scheinen ein untrügliches Gespür für Klassenunterschiede zu haben, obwohl sie diese nicht benennen können. Das heißt, schon wenige Jahre der Sozialisation in einer Gesellschaft genügen, um deren klassistische Vorurteile zu verinnerlichen. Obendrein zeigt sich, dass selbst die DDR (ich wurde 1992 eingeschult und war damit ein Wendekind) keine klassenlose Gesellschaft war; auch in der DDR existierte Armut, und Armutsbetroffene wurden abgewertet. Übrigens nahmen mir nicht wenige Leser meines Buches *Klassenbeste* diese Analyse übel. In ihrem Bild der DDR gab es dort weder Armut noch Klassenabwertung. Ich zeige aber am Beispiel der Kindheit meiner Mutter, dass es klassistische Abwertung durchaus gab, besonders gegenüber kinderreichen Familien, in denen die Mütter keiner Erwerbsarbeit nachgingen. In meiner Grundschulklasse jedenfalls existierte ein Gespür für Armut und Klasse, ganz ohne Bewusstsein, und die Schule reproduzierte das Klassensystem, in dem die Mädchen nie für eine Gymnasialempfehlung in Frage kamen. Das zweite Phänomen, das gut sichtbar zutage trat, war der Klassismus benachbarter Klassenfraktionen: Keines der Kinder stammte aus wirklich wohlhabenden Elternhäusern, aber sie nahmen schon kleine Unterschiede in Kleidung oder Erscheinung zum Anlass, sich von anderen abzugrenzen.

Die Autorin Paula Irmschler erzählte mir in einem Interview, dass sie als Mädchen aus einer kinderreichen Familie, die von Hartz IV lebte, häufig in der Schule gemobbt wurde. Aber immerhin lebten sie nicht in der Platte, trösteten sie und ihre Geschwister sich gegenseitig. Natürlich war ihr als Kind nicht bewusst, dass sie damit wiederum eine klassistische Sichtweise übernahm. Als Erwachsene konnte sie dieses Gefühl reflektieren: Mochte sie auch klassistisch sein, diese Selbstvergewisserung nahm ihr ein wenig von dem Schamgefühl, das sie permanent empfand. Aber der Verweis auf die Platte, die als Metapher für »ganz unten« steht, zeigt, dass es bei der Klassenfrage stets um kleine und kleinste Unterschiede geht.

Klassismus ohne Klassenkampf?

Nicht wenige Einführungen zum Klassismus verwerfen die Theorien von Karl Marx, Max Weber oder Pierre Bourdieu bereits auf den ersten Seiten oder lassen sie praktisch unerwähnt, ganz so, als hätten diese Männer unser Nachdenken über das, was Klasse ist und wie wir sie verstehen müssen, nicht grundlegend geprägt. Liegt es daran, dass sie »alte weiße Männer« sind? Ganz sicher kommt auch der nationale Kontext der Wissensproduktion hinzu, etwa wenn Autorinnen in den USA leben: Denn Deutschland, Frankreich und Großbritannien haben eine jahrhundertealte Tradition des Nachdenkens über Ökonomie, Milieu und Habitus, die wesentlich präsenter ist in ihren Texten und Debatten, selbst da, wo diese nicht rein akademisch geführt werden. In den USA fehlt diese Tradition. Ein schönes Beispiel ist das Buch *White Working Class,* in dem Joan C. Williams erklären möchte, warum die weiße Arbeiterklasse heute häufig rechtspopulistisch wählt. Man habe ihr Anerkennung verweigert und ihren Stolz geraubt, so Williams. Es ist viel von Respekt die Rede, aber wenig von Ökonomie (mit anderen Worten: Es geht um Symbolpolitik, keine handfeste ökonomische Wende). Was aber in dem Buch völlig fehlt, ist der Name Karl Marx (dafür ist von Barack Obama und

Martin Luther King die Rede). Tatsächlich tut die Autorin so, als habe es europäische Klassentheorien nie gegeben. Es ist schon bemerkenswert, wenn sich ein Buch der Arbeiterklasse widmet, ohne jene Person zu nennen, die wie keine andere mit dem Begriff verbunden ist (ohne ihn allerdings erfunden zu haben).

Ich nehme allerdings an, dass Williams einen anderen Grund hat, auf Marx zu verzichten: Kommunismus und Marxismus gelten vielen US-Amerikanern als Teufelszeug. Selbst moderate sozialdemokratische Forderungen können in den USA den mit dem Vorwurf des Kommunismus erfolgreich abgewehrt werden.

Hierzulande gibt es andere Gründe für die Unterschlagung von Marx. Karl Marx' Werk hat eine ganze Exegesetradition ausgelöst, und wer kein eingefleischter Marxist ist, wird sich wohl die Regalreihen der Literatur allein zu seinem Klassen- oder Geschichtsbegriff nicht zu Gemüte führen wollen. Es scheint auch gar nicht mehr nötig zu sein, gibt es doch eine Alternative.

Der Königsweg zur Vermittlung dessen, was Klassismus bedeutet, scheint die autobiografisch eingefärbte Erzählung zu sein. Die Biografie, die eigene Erfahrung ist in diesem Sinne eine Ressource, man kann daraus schöpfen. Der Autor D Hunter bezeichnet die Methode als »Autoethnografie« – ein so interessanter wie problematischer Terminus, der nahelegt, dass man sich selbst wissenschaftlich betrachten und untersuchen könne. Er impliziert zudem eine Form des Otherings – ethnografisch untersucht wird das andere, Fremde, nicht das ›Normale‹. Doch D Hunter betont: »Durch die Autoethnografie kann ich meine persönlichen Erfahrungen vom Leben in politisch und wirtschaftlich marginalisierten Kontexten untersuchen, in denen sich die Gewalt sozialer Strukturen in unzähligen Formen zeigt.« (Hunter, *Auf uns gestellt*, S. 39)

Mein Text setzt ebenfalls mit einer biografischen Szene ein, und er wird immer wieder aus meiner Biografie schöpfen. Aber ich halte es für wichtig, die Theorien über Klasse wenigstens in Ansätzen zu kennen und zu verstehen. Mir erscheint es ebenfalls nützlich, eigene Erfahrungen zum Ausgangspunkt von Betrachtungen zu machen – wie sonst als durch Erfahrung, durch soziale Interaktion, durch das Erleben von Strukturen, nehmen wir die Welt wahr? Allerdings stellen solche Erfahrungen zunächst eher anekdotische Evidenz dar. Sie können zweierlei leisten: Sie können der Ausgangspunkt für Fragen sein. Ist meine Erfahrung gar nicht singulär, wird sie geteilt? Das hieße dann ja, dass ich kein Einzelfall bin, dass das System eine Vielzahl solcher »Einzelfälle« produziert. Ich weiß sehr genau, dass biografische Schilderungen andere ermutigen können, über ihre Biografie nachzudenken und hinter der persönlichen Erfahrung nach Strukturen und einem »System« zu suchen. Solche Schilderungen sorgen für psychische Entlastung (»Was, dir ging es ganz genauso?«) und verdeutlichen, dass man eben doch nicht allein ist – was ja der erste Schritt zu politischem Handeln sein kann.

Diese Autoethnografie hat jedoch einen Haken: Ich nenne das die »Therapiegemeinschaftsfalle«. Bisweilen erlebe ich bei Podiumsdiskussionen, dass die Runde sich in Richtung einer Selbsthilfegruppe entwickelt, in der Betroffene einander ihr Weh klagen. Wenn es nur um die Verbalisierung von Gefühlen geht, nicht aber um die politische Einordnung, ergibt es jedoch keinen Sinn mehr, zwischen Podium und Publikum zu unterscheiden. Dann können alle gleichberechtigt von ihren

Erfahrungen erzählen – auf die Gefahr hin, dass man bei diesen Erfahrungen stehenbleibt. Und deswegen kommen wir nicht umhin, von Marx und Bourdieu und ihren Klassenkonzepten zu sprechen, wenn wir Klassismus verstehen wollen.

Karl Marx erklärt in seinen Schriften zur politischen Ökonomie – allen voran natürlich im *Kapital* – den Antagonismus von Bourgeoisie und Proletariat zum zentralen Widerspruch, der den Fortgang der Geschichte prägt. Die Bourgeoisie ist die *herrschende Klasse*, die über Kapital verfügt, mehr noch: Sie kann andere für sich arbeiten lassen. Nämlich die Proletarier, die gezwungen sind, ihre Arbeitskraft an die Bourgeoisie zu verkaufen; sie sind es, die den Mehrwert erzeugen. Diesen Mehrwert als Produkt der Arbeit eignet sich die Bourgeoisie an, er ist die Quelle ihres Reichtums. Die Proletarier dagegen besitzen nichts als ihre Arbeitskraft. Sie können sich zwar (theoretisch) entscheiden, an wen sie ihre Arbeitskraft verkaufen wollen, aber sie sind gezwungen, sie zu verkaufen.

Das Schicksal von Bourgeoisie und Proletariat ist untrennbar verknüpft. Das bedeutet einerseits, dass es zwangsläufig zu Auseinandersetzungen und Kämpfen kommen *muss*. Andererseits jedoch entstehen gegenseitige Abhängigkeiten, die selbst für die herrschende Klasse gelten: Als beispielsweise die Ausbeutung der Industriearbeiter in England im 19. Jahrhundert ihren Höhepunkt erreichte, stieg die Sterblichkeit unter den Arbeitern und insbesondere ihren Kindern so stark an, dass die Bourgeoisie den Arbeitern Zugeständnisse machen musste (Federici, *Aufstand aus der Küche*, S. 29 f.). Da sie auch zukünftig Arbeitskräfte dringend benötigte, weil Fabriken und ganze Industriezweige wachsen sollten, musste wenigstens die Reproduktion der Arbeiterschaft gewährleistet sein. Es war also nicht unbedingt die Einsicht in die eigene Unmoral, die Fabrikanten dazu bewog, die Arbeitsbedingungen der Arbeiterklasse zu verbessern.

Gibt es allerdings einen Ort außerhalb der Produktion, der einen schier unerschöpflichen Zufluss von Arbeitskräften verspricht – wie es im Rahmen des Sklavenhandels geschah –, dann können die Arbeitskräfte bis zur absoluten Erschöpfung oder dem Tod ausgebeutet werden. Doch bleiben wir zunächst beim Klassenantagonismus.

Marx' Modell ist keine Gesellschaftstheorie. Natürlich gab es im 19. Jahrhundert nicht nur Fabrikanten und Arbeiter, es gab außerdem Ärzte, Beamte, Hausfrauen, Hauslehrer usw. Marx ging es auch nicht um eine detaillierte Darstellung der Lebenswirklichkeit der Arbeiter. Gerade weil Marx keinen soziologischen Blick bemühte, sondern auf eine geschichtliche Dynamik abhob, erschien seine Theorie in der zweiten Hälfte des 20. Jahrhunderts obsolet. Zwar las die Studentenbewegung Marx und andere Autoren, die sich seinem Werk widmeten – etwa Louis Althusser und Antonio Gramsci –, aber diese Auseinandersetzung war stets intellektueller Natur. Wer konkrete Befreiungsarbeit leisten wollte, wer die Situation der Arbeiter verbessern wollte, griff nicht zu Marx' Argumenten, sondern zu Mitteln des Arbeitskampfes. Die unterschiedliche Wahl der Mittel – Theorie einerseits und praktischer Protest andererseits – offenbart eine Spaltung zwischen der Klasse der Arbeiter, die den konkreten Arbeitskampf wählte, und jener der Intellektuellen, die meinten, sie wüssten über die Belange des Klassenkampfes schon dank ihrer Lektüren am besten Bescheid.

Andere Faktoren trugen dazu bei, dass Marx seine Bedeutung für den Klassenkampf verlor. Etwa der Umstand, dass sich das fordistische Modell des Industriearbeiters nach dem

Zweiten Weltkrieg durchsetzte: Ein Arbeiter erschien nun nicht mehr als brutal ausgebeutete Arbeitskraft, er sollte vielmehr kraft seiner Arbeit in die Lage versetzt werden, die Produkte, die er herstellte, selbst kaufen zu können. Tatsächlich wuchsen Lebensstandard und Konsummöglichkeiten der Arbeiter. Arbeiterklasse und Mittelklasse bildeten plötzlich eine Schnittmenge. Das befriedete in Teilen alte Klassenkämpfe, ebenso wie die starken Gewerkschaften – paradoxerweise –, die mehr innerbetriebliche Mitbestimmung erkämpften. Obwohl sich grundsätzlich nichts an den Eigentumsverhältnissen geändert hatte, verbesserten sich die Lebensbedingungen der Arbeiter radikal.

Trotzdem sollten wir den grundlegenden Antagonismus der Arbeiterklasse und der Besitzklasse im Hinterkopf behalten: Beide Klassen haben ihr Antlitz verändert, doch das heißt nicht, dass sie nicht mehr existieren. Heute erscheinen mächtige Unternehmer häufig in der Gestalt des charismatischen CEO, der frühzeitig technologische Trends entdeckt und Milliarden scheffelt – aber im eigenen Unternehmen alles dafür tut, die Etablierung von Gewerkschaften und Betriebsräten zu verhindern. Der Reichtum von Personen wie Jeff Bezos oder Elon Musk hat Höhen erreicht, die zu Marx' Zeiten undenkbar gewesen wären. Und er wäre undenkbar ohne Hunderttausende Arbeitskräfte, die ohne Gewerkschaft und ohne Betriebsräte in prekären Jobs arbeiten. Jeff Bezos jedenfalls liefert Amazon-Päckchen nicht persönlich aus.

Teil der kapitalistischen Logik war und ist die Einverleibung globaler Ressourcen und die Ausbeutung globaler Arbeitskraft, sie nimmt die Ausbeutung von Kindern, Umweltzerstörung, die Verfolgung Indigener usw. in Kauf. Dabei wirken klassistische wie rassistische Ideologie zusammen – etwa wenn man behauptet, die Einheimischen seien froh, überhaupt Arbeit zu haben (fragt sich, was zuvor für ihre Arbeitslosigkeit und Verarmung sorgte). So zeigt der Blick auf globale Ausbeutungsprozesse den hierzulande fast unsichtbar gemachten Widerspruch zwischen Kapital und Arbeit. Zugleich wird noch einmal deutlich, warum wir Klassismus, Sexismus und Rassismus nicht getrennt denken können: Wenn ukrainische Pflegekräfte rund um die Uhr Menschen in einem deutschen Haushalt pflegen und bis zur Erschöpfungsgrenze arbeiten müssen, dann basiert diese Ausbeutung auf sexistischen Haltungen (Pflege als natürliche Frauenarbeit, die man eben rund um die Uhr leisten kann). Zudem suggeriert sie, dass diese Plackerei für eine »Ausländerin« schon okay sei. Oder, wie mir eine Zuhörerin bei einer Lesung sagte: »Es stimmt schon, dass diese Frau wenig verdient, aber in ihrem Heimatland würde sie doch noch sehr viel weniger verdienen.« Also sei sie verhältnismäßig gut dran. Sie werde zwar ausgebeutet, aber immerhin für mehr Geld als in ihrer Heimat.

Übrigens kenne ich sehr viele Marxisten, die Identitätspolitik ablehnen und häufig scharfe Kritik am Klassismusbegriff äußern. Diese Kritik fügt sich in eine generelle Auseinandersetzung zwischen der traditionell-marxistischen Linken und der neuen, entlang von Identitäten argumentierenden Linken die bisweilen als »Lifestyle-Linke« (Sahra Wagenknecht) abgetan wird. Dieser wirft man vor, sie achte zwar schärfstens auf Fragen der Repräsentation (wie viele weibliche CEOs gibt es im Unternehmen, wie viele schwarze Mitarbeiter in der Redaktion etc.?), lasse dabei jedoch konkrete Fragen des Klassenkampfes außer Acht. Sie kämpfe also für bessere Chancen der eigenen Gruppe innerhalb der bestehenden Verhältnisse, statt das System ganz grundsätzlich in Frage zu stellen.

Meiner Meinung nach handelt es sich um eine Scheindebatte, die damit zu tun hat, dass Identitätspolitik als Begriff enorm schwammig gehandhabt und häufig als Klammer für alle möglichen Phänomene betrachtet wird. Es gibt zahlreiche marxistische Feministinnen *of colour* oder mit Migrationsgeschichte, die grundsätzliche Kritik am kapitalistischen System üben. Die also keineswegs lediglich für die Verbesserung der Lage der eigenen Gruppe kämpfen. Mir erscheint es widersinnig, nicht intersektional zu denken – also nicht auf die Überlagerung klassen- und geschlechterbezogener Benachteiligungen zu blicken. Natürlich hat die Tatsache, dass wenige von uns Mitleid mit pakistanischen Näherinnen oder schwarzen Sexarbeiterinnen haben, sehr viel mit rassistischen Vorurteilen zu tun.

Übrigens ist es legitim, dass etwa Transpersonen und Homosexuelle zunächst einmal für Anerkennung kämpfen und sich nicht mit Klassenfragen auseinandersetzen. Es gibt Transpersonen, die überhaupt kein Interesse an der Veränderung der Klassenverhältnisse haben, die aber für eigene Freiheitsrechte kämpfen wollen. Auch sie sind keine homogene Gruppe, die sich in einen Topf werfen lässt: Den einen geht es um juristische Fragen (also etwa das Recht auf Änderung der eingetragenen Geschlechtsidentität), die anderen wollen das kapitalistische System verändern. Queers bilden eben keine Klasse, sodass sich aus ihren Interessen, die über Fragen der Gleichstellung etwa auf juristischer Ebene hinausgehen, durchaus Streitigkeiten ergeben können. Womit sich noch einmal zeigt, dass wir den Klassenbegriff nicht synonym für ›Gruppe‹ verwenden sollten – eine Klasse muss ökonomisch-soziale Interessen teilen bzw. wird durch diese erst gebildet.

Es gibt einen weiteren Kritikpunkt am Klassismuskonzept: Man konzentriere sich eher auf Fragen des abgewerteten Habitus statt auf grundsätzliche Ungerechtigkeiten. Was ist aber mit Habitus gemeint? Das führt uns zum zweiten wichtigen Denker in Klassenfragen.

Der französische Soziologe Pierre Bourdieu steht für eine Gesellschaftssoziologie, die Klassen und Klassenfraktionen beleuchtet. Anstelle von groben Kategorien wie »Bürger« und »Arbeiter« entwirft er eine kleinteilige Kategorisierung etwa in Handwerker, Kleinunternehmer, Angestellte, Landwirte, ungelernte Arbeiter usw.

Bourdieu verwirft bestimmte Leitgedanken von Marx. Vor allem will er Klassen nicht auf rein ökonomische Verhältnisse reduziert sehen. Für ihn kann ein ökonomisches Verständnis allein nicht erklären, wie das Bewusstsein in die Klasse kommt. In seiner Soziologie der Klassen wird vielmehr der Geschmack – von Vorlieben für bestimmtes Essen über die gewählte Kleidung bis hin zu bevorzugten Kunstformen – zum Dreh- und Angelpunkt der Analyse. Was vermeintlich nachgeordnet oder gar trivial ist, soll erklären, wie sich ein verborgenes und letztlich verkörpertes Klassenbewusstsein herausbildet.

Bourdieu negiert das einfache Schichtenmodell, in dem etwa das Bürgertum über den Arbeitern steht, und ersetzt es durch ein räumliches Modell, in denen verschiede Klassenfraktionen miteinander konkurrieren. Es gibt benachbarte Klassen und Klassenfraktionen, die ihre Position im Raum im Verlauf der Zeit verändern. Das klingt kompliziert, lässt sich aber leicht erklären: Bestimmte Klassenfraktionen steigen im Verlauf der Zeit ab, andere steigen auf. Diesen Aufstieg darf man sich nicht einfach als das Heraufsteigen auf einer Treppe vorstellen. Der Aufstieg einer Klasse oder Klassenfraktion verändert die relative Position im gesellschaftlichen Raum für andere. Aufstiege werden oft erst durch die Generation der Kinder und Enkelkinder vollzogen. So kann es sein, dass mehr und mehr Kinder von Facharbeitern studieren, während etwa die Kinder ungelernter Arbeiter mit höherer Wahrscheinlichkeit nicht studieren. Weil die Kinder höhere Bildungsabschlüsse erlangen, verändert sich nicht nur das Gefüge innerhalb der Klassenfraktion – Facharbeiterkinder sind nun ihrerseits keine Facharbeiter mehr, sondern zum Beispiel Angestellte. Die Klassenfraktion der Facharbeiter vergrößert auch den Abstand zwischen sich und den an- oder ungelernten Arbeitern. Wenn die Kinder und Enkelkinder der Angehörigen einer Klasse aufsteigen, verändert sich zugleich die Herkunftsklasse. Eltern und Großeltern hängen oft noch alten Normen, Werten und Verhaltensweisen an. Kinder und Kindeskinder distanzieren sich und brechen mit dem Habitus ihrer Klasse.

Nun habe ich bereits den entscheidenden Begriff benutzt: Habitus. Der Habitus ist bei Bourdieu ein erlerntes bzw. unbewusst angeeignetes Set von Präferenzen, gemeint sind Geschmack, Verhaltensmuster, Stil. Man könnte ihn auch als verkörpertes Klassenbewusstsein bezeichnen. Das kann man sogar buchstäblich fassen als die Art und Weise, welche Haltung, welche Körpersprache, welche Körperform ein Mensch hat. Was hat die Körperform mit unserer Klasse zu tun? Unser Körper ist nicht einfach da; er wird geformt, etwa durch die Art, wie wir uns ernähren, welchen Sport wir treiben (ob wir überhaupt Sport treiben).

Bourdieu zeigt beispielsweise, dass in den Arbeiter- und Bauernfamilien vermehrt Deftiges konsumiert wird, während leichtes und gesundes Essen in Angestelltenmilieus bevorzugt wird. Oder nehmen wir den Sport: Golfen formt den Körper anders als Fußball oder Boxen. Weil aber alle Klassen und Klassenfraktionen jeweils andere Sportarten, Ernährungsweisen und Hobbys bevorzugen, entsteht jeweis ein bestimmter Typus von Körper und Körperhaltungen. Ein Mädchen aus bestem Hause, das von Kindesbeinen an Ballett trainiert, hat eine andere Körperhaltung als ein Mädchen, das allenfalls Seilspringen übt.

Man kann den Körpern ihre Klassenzugehörigkeit ansehen. Es gibt einen statistischen Zusammenhang zwischen dem Aufwachsen in Armut und Fettleibigkeit, was oft dazu führt, dass dickere Menschen nicht ›nur‹ für ihre Körperform beleidigt werden; man schreibt ihnen auch Eigenschaften des Prekariats zu: Sie seien faul, antriebslos, nicht tüchtig und sogar dumm. Solche klassistischen Stereotype gehen so weit, dass sie konkrete Folgen für die Lebenschancen des Einzelnen haben: So zeigte der *Economist* in einem seiner Artikel, warum es ökonomisch klug sei, als Business-Frau besonders dünn zu sein. Dünnsein wird mit Selbstkontrolle und Disziplin assoziiert, es erscheint als eine Tugend der Frau der gehobenen Mittelklasse, die viel Wert auf ihr Äußeres legt. Darin offenbart sich ganz nebenbei eine Verknüpfung von Gender- und Klassenfragen, der sich Bourdieu ebenfalls widmet.

Hinzu kommt, was wir an diesen Körpern tragen. Was als chic, modisch, schön oder provokant gilt, stellt sich je nach Klassenzugehörigkeit anders dar. Wobei eine interessante Erkenntnis bei Bourdieu lautet, dass aus Notwendigkeit oder beschränkten Möglichkeiten eine Neigung entsteht. Also: Wenn sich die Angehörigen einer Klasse realistischerweise keine Kleider aus Seide leisten können, weshalb sie günstige, jedoch robuste Kleidung wie etwa Jeans tragen, dann wird die Jeans innerhalb der Klasse aufgewertet: Man lobt sie als ein unkompliziertes, haltbares Kleidungsstück, das nicht gebügelt oder sonderlich vorsichtig gewaschen werden muss. Die Jeanshose war deshalb zunächst ein Kleidungsstück der Arbeiterklassen – bevor sie die anderen Klassen eroberte bzw. die Nicht-Arbeiter sie sich aneigneten: als etwas, das Lockerheit, Coolness und Working-Class-Härte impliziert.

Ohne Habitustheorie lässt sich Klassismus nicht verstehen. Es handelt sich beim Habitus um eine Art implizites Weltwissen, das uns in Fleisch und Blut übergegangen ist und deswegen nur schwer hinterfragt werden kann. Den Stil oder Geschmack einer anderen Klasse werten wir bisweilen automatisch und unbewusst ab, gerade weil wir ihn mit Klassenzugehörigkeit assoziieren. Anders, als manche antiklassistischen Autoren es beschreiben, funktioniert diese habituelle Abwertung nicht nur ›von oben nach unten‹; es ist also nicht nur so, dass etwa die gehobene Mittelklasse den Stil der Arbeiterklasse abwertet. Es geht auch umgekehrt, etwa wenn Angehörige der Arbeiterklasse bestimmte Formen von zeitgenössischer Kunst als Müll abwerten (eben weil sie sie mit gehobenem oder auch ›abgehobenem‹ Geschmack verbinden). Ein weiteres Beispiel ist die Ernährungsfrage: Vegane Ernährung ist deshalb ein Reizthema, weil es sich nicht einfach um eine Frage der Ethik oder schlicht der Essgewohnheiten handelt, sondern um einen Lebensstil, der mit einer abgehobenen, insbesondere akademisch gebildeten, urbanen Mittelklasse identifiziert wird.

Für Bourdieu kommt das Bewusstsein über die Lebensformen in die Klasse. Die sozioökonomischen Möglichkeiten kreieren einen Geschmack; dieser Geschmack wiederum wird in das Selbstbild der Klasse integriert und als Ideal formuliert. Alle Klassenkonzeptionen müssen die Frage beantworten, ob und wie in einer Klasse ein Bewusstsein von geteilter Klassenlage, Gemeinsamkeit, gemeinsamem Schicksal und Interessen entsteht. So ein Klassenbewusstsein scheint nicht automatisch aus der Klasse heraus zu entstehen, denn dann bräuchte es keine Arbeiterführer oder eine sogenannte Intelligenz, die die Arbeiter im Kampf anleitet.

Wie also kommt das Bewusstsein in die Klasse? Im Sinne von Bourdieu handelt es sich um eine Art Verdichtungsprozess, in dem gleiche Lebensweisen und Möglichkeiten gleiche Wünsche und Werte erzeugen. Klassismus ist ein so wirksames Instrument, weil die Abgrenzung von Klassenfraktionen und Klassen in alle Richtungen immer schon vorhanden ist – weil Klasse per se Abgrenzung *ist*.

Die Arbeiterklasse wird nicht allein durch Ausbeutungsprozesse zu einer Klasse. Vielmehr erzeugen die ökonomischen Verhältnisse bestimmte Verhaltensweisen und Strategien, mit denen man sich auf einem Feld zu behaupten versucht. Die verfügbaren Ressourcen – etwa die Frage, wie viel Wohnraum eine Person für sich beanspruchen kann oder wie viel Geld für Essen zur Verfügung steht – erzeugen einen Lebensstil. Der Lebensstil eines Fabrikarbeiters in der einen Fabrik ähnelt dem eines anderen zunächst insofern, als sie in etwa gleich viel ökonomisches Kapital und einen ähnlichen Ausbildungshintergrund besitzen. Mit der Zeit formen sich daraus bestimmte Lebensstile – man lebt eher auf kleinem Raum, ganz sicher besitzt man keinen edlen Geschirrschrank und kein Silberbesteck – man könnte es sich nicht leisten, es wäre auch nicht praktikabel. Daraus entsteht irgendwann ein positives Bild des eigenen Lebensstils: Man braucht diesen Schnickschnack nicht, man findet ihn weder nützlich noch schön. Man bevorzugt einfache, stabile Gegenstände.

Allerdings kommt es auch vor, dass eine Klasse den Lebensstil einer anderen Klasse anstrebt und imitiert – allerdings mit anderen Mitteln. Wie im Falle des Kleinbürgertums, das sich großbürgerliche Lebensweisen aneignete. Dazu gehörte im 19. und 20. Jahrhundert etwa die Tendenz, dass Ehefrauen nicht der Erwerbsarbeit nachgehen, sondern sich um den Haushalt kümmern sollten. Während die großbürgerliche Frau Hauspersonal zur Verfügung hatte und dieses managte, musste die kleinbürgerliche Hausfrau allerdings ihren Haushalt allein bewältigen.

Oder nehmen wir ein persönliches Beispiel: Neulich kaufte ich mir eine riesige Goethe-Büste, die nun wirklich keinen Platz hat in meiner Genossenschaftswohnung. Meinem entsetzten Freund erklärte ich, es sei der irrationale Genuss einer Germanistin. Er fragte, ob wir Goethe nicht im Garten zwischen den Rosen platzieren könnten. Goethe blieb und schaut heute auf den Esstisch, den wir für 10 Euro gebraucht kauften und den wir, weil wir kein Auto besitzen, in der Straßenbahn durch die halbe Stadt kutschierten – und den ich bei passender Gelegenheit mit Platztellern, von meiner Mutter geerbten Kristallgläsern (auch sie offenbarte eine kleinbürgerliche Neigung zum Aufblicken in bürgerliche Kreise) und Leinentischtuch eindecke. Das mag nur ein ferner Anklang an die bürgerliche Tischkultur sein, aber für mich gehört die Ästhetik beim Essen und Bewirten von Freunden und Verwandten dazu. Interessanterweise bedeuten all diese Dinge – vom Leinen bis zum Kristallglas – stets einen Mehraufwand, man stellt die Gläser nicht ohne Weiteres in den Geschirrspüler, man muss sie vorsichtig reinigen und abtrocknen. In großbürgerlichen oder gar aristokratischen Haushalten gab es dafür früher Personal; selbst heute ist ein Kernmerkmal von *Distinktion* die Möglichkeit, eine Haushaltshilfe zu beschäftigen. In kleinbürgerlichen Haushalten blieb die Hausfrau für solche Aufgaben zuständig, in einem Arbeiterhaushalt fehlten Zeit und Geld für solch Manierismen. Und trotzdem kaufte meine Mutter die Kristallgläser.

Nun machen feine Gläser oder feine Tischdecken noch keine feinen Leute. Vielleicht unterstreichen sie gar die feinen Unterschiede, weil diese Gegenstände besonders deplatziert wirken oder wirkten, wie damals in meinem elterlichen Haushalt, als sie auf einem einfachen Holztisch mit rustikaler Ecksitzbank abgestellt wurden. Wobei die Gläser sowieso nicht benutzt wurden, sie dienten ja nur dem Zweck, hübsch auszusehen, und waren im Grunde Staubfänger. Die oberen Klassen pflegten in den 90ern, als diese Gläser gekauft wurden, überhaupt einen anderen Chic. Für sie sollte das Design geradlinig sein, war oftmals sehr bunt; Chrom, Leder und andere glänzende Oberflächen dominierten.

Das konnte ich feststellen, wenn ich meine Tante und ihren Mann besuchte. Sie arbeitete in einer Rechtsanwaltskanzlei, er war Architekt. Ich weiß noch, wie beeindruckt ich war von dem Haus, in dem sie wohnte, weil es luftig und weitläufig war. An Geburtstagen wurde Kaviar aufgetischt. Meine Tante wollte offensichtlich keine Frau ihrer Herkunftsklasse mehr sein. Bei einem der Geburtstagsessen machte ich auch zum ersten Mal die Bekanntschaft mit Mozzarella. Ich war acht oder neun Jahre alt und sah den Mozzarella mit Tomaten auf einem Teller drapiert. Ich nahm an, es müsse sich um eine Art Eierspeise handeln, und biss hinein. Meine Schwester hatte mich noch gefragt, ob ich das wirklich essen wolle und ob ich wisse, was es sei. Ich hatte dann große Mühe, das riesige Mozzarellastück, das ich ziemlich widerlich fand, hinunterzukauen.

Geschmack ist nicht angeboren, Geschmack wird erlernt. Einerseits wird er wesentlich beeinflusst durch die Kultur, in der wir leben. Andererseits durch die Klasse. Es gab bei uns keinen Mozzarella, keine eingelegten Oliven, nicht einmal Honigmelonen, die ich zum ersten Mal im Zeltlager mit zehn Jahren aß. Mein Vater, der bei uns zu Hause kochte, kochte »gute deutsche Hausmannskost«, Kartoffeln, alle möglichen Sorten Kraut, viel Fleisch, allerdings nur an Sonntagen, denn in dem bäuerlich-kleinbürgerlichen Haushalt, in dem er nach dem Krieg aufgewachsen war, war Fleisch ein seltenes Gut gewesen. Mein Vater war fest in Traditionen verankert – heute könnte man das Fleisch-nur-am-Sonntag-Gebot mit dem Wunsch nach Nachhaltigkeit verwechseln. Aber den Begriff hätte mein Vater niemals benutzt. Auch er war ein Mann seiner Klasse.

*

Es gibt einen weiteren Theoriebaustein bei Bourdieu, der für das Verständnis von Klassismus unerlässlich ist. Er hilft uns beispielsweise zu verstehen, warum der Zusammenhang zwischen dem Einkommen der Eltern und dem Bildungserfolg der Kinder in Deutschland so stark ist. Darauf weisen Studien immer wieder hin – etwa der Chancenmonitor des ifo-Instituts. Er zeigt zudem, warum wir bei Klassismus nicht nur an Abwertung eines bestimmten Habitus denken sollten, sondern zudem an strukturelle und konkrete sozioökonomische Faktoren.

Bourdieu hat verschiedene Kapitalsorten definiert: zunächst natürlich das *ökonomische Kapital* – Geld, Aktien, Immobilien. Daneben gibt es das *kulturelle Kapital*, das alles Wissen, das man sich erarbeitet, Bildungsabschlüsse und formale Qualifizierungen einschließt. Dann gibt es das *symbolische Kapital*: Ein Master-Abschluss, den man an der TU Dresden erworben hat, trägt symbolisch nicht die gleiche Bedeutung wie ein Master, den man in Princeton oder in Yale erworben hat. Bestimmte Institutionen versorgen eine Person mit besonders hohem symbolischem Kapital. Eine weitere Kapitalsorte stellt das *soziale Kapital* dar, das sich einerseits aus Umgangsformen, Wissen um soziale Zusammenhänge und Verhaltensweisen in bestimmten Kontexten speist, andererseits aus Kontakten und Netzwerken.

Die Kapitalformen können ineinander umgewandelt werden: Häufig braucht es etwa großes ökonomisches Kapital, um an einer Eliteuni studieren zu können. So wird ökonomisches Kapital in symbolisches und kulturelles Kapital umgewandelt. Wer regelmäßig Opern, Theater und Museen weltweit aufsuchen möchte, um viel kulturelles Kapital anzuhäufen, braucht dafür ökonomisches Kapital. Soziales Kapital ist der Golf-Partner des Vaters, der einem das Praktikum in einem Spitzenunternehmen besorgt – das sich später mit hoher Wahrscheinlichkeit wieder in ökonomisches Kapital umwandeln lässt, usw. usf.

Es kann allerdings passieren, dass sich die Kapitalformen nicht mehr ohne Weiteres ineinander umwandeln lassen, was sich etwa am Beispiel arbeitsloser Akademiker zeigt. Es ist dann von einer »Akademikerschwemme« die Rede, was nichts anderes meint, als dass es einer Vielzahl von Angehörigen etwa der Arbeiterklasse oder unteren Mittelklasse gelungen ist, höhere Bildung und damit mehr kulturelles Kapital zu erwerben. Stehen diesem Kapitalerwerb aber keine Jobs in den akademischen Berufsfeldern gegenüber, lässt sich das gestiegene kulturelle Kapital nicht in ökonomisches Kapital umwandeln.

Das verkompliziert die klassische Aufstiegserzählung, der zufolge man einfach nur einen höheren Abschluss erwerben muss, um aufzusteigen. Oft braucht es mehrere Generationen, um sich aus ärmeren oder ›bildungsfernen‹ Verhältnissen herauszuarbeiten. Wer über nur wenig ökonomisches Kapital verfügt, riskiert den schnellen Rückfall in die Herkunftsklasse.

Nun, da wir mit allen Wassern der Theorie gewaschen sind, können wir die abgewerteten Klassen sowie den Mechanismus der klassistischen Abwertung selbst betrachten. Dabei möchte ich einer zentralen Prämisse vieler antiklassistischer Autoren widersprechen, wonach Klassismus nur in eine Richtung, von oben nach unten wirke. Erstens beziehe ich mich ja auf Bourdieus Klassenmodell, das eine sehr viel dynamischere räumliche Verteilung der Klassen illustriert, statt diese von oben nach unten anzuordnen. Zweitens scheint mir, dass die klassistische Abwertung benachbarter Klassen politisch besonders heikel und erklärungsbedürftig ist. Drittens möchte ich mit einer eigentümlichen Form der Opfererzählung brechen, die die Angehörigen der ›unteren‹ Klassen als Opfer der Elite darstellt. Es ist sehr viel komplexer.

Check your Habitus

Vielleicht hilft es, sich dem Problem über ein Beispiel zu nähern. In der englischen TV-Serie mit dem Titel *Country House Rescue* soll Hotelbesitzerin Ruth Watson den Eigentümern herrschaftlicher Landsitze helfen, diese profitabel zu machen. Das Problem dieser Anwesen ist, dass ihr Unterhalt viele Zehntausende Pfund im Jahr verschlingt, aber die Erben der Häuser (jedenfalls jene, die in der Sendung auftreten) über das Haus hinaus keine Vermögenswerte besitzen. Meist geraten die Besitzer der Anwesen in eine finanzielle Notlage, wenn das Haus von einer Generation zur nächsten übergeht: England ist eine Klassengesellschaft, aber es ist eine, die Erben – im Gegensatz zu Deutschland – erheblich besteuert. Die Besitzer müssen also oft einige Millionen Erbschaftssteuer zahlen. Auftritt Ruth Watson, die helfen soll, die Häuser in Hotels, Hochzeitslocations oder Filmsets umzuwandeln.

Die Serie verweist auf eine besonders spannende Klassencodierung, die uns etwas darüber verrät, wer – jedenfalls in England – als herrschende Klasse gilt. Ruth Watson wird als Selfmade-Woman beschrieben. Habituell – sie neigt dazu, Schimpfwörter zu benutzen – würde man ihre Herkunftsklasse im Arbeiter- oder kleinbürgerlichen Milieu verorten. Es wird jedenfalls betont, dass sie nicht dank ererbten Geldes zur erfolgreichen Unternehmerin wurde. Die Erben der Anwesen dagegen sind oft Angestellte oder in akademischen Berufen tätig, einige haben nie wirklich gearbeitet. Tatsächlich äußert die Matriarchin der Famile in einer Episode, dass in ihrer Familie seit 400 Jahren niemand gearbeitet habe – und sie impliziert, dass auch niemand vorhabe, damit zu beginnen. Alles in allem erscheinen viele der Besitzer lebensuntüchtig, faul, antriebslos, weder geschäftstüchtig noch sonderlich clever. Diese negativen Eigenschaften könnten ebenso gut als Beschreibung der *poverty class* durchgehen. Der Unterschied besteht allerdings erstens in der Kauzigkeit, die gerade für die englische Upperclass ein klassenkonstituierendes Merkmal zu sein scheint. Auch wird betont, dass die Besitzer über großes kulturelles Kapital verfügen. Das offenbart sich nicht nur in den Häusern, die vollgestopft sind mit Antiquitäten jeder Art, mit Gemälden, Briefen und anderen persönlichen Zeugnissen berühmter Künstler und Schriftsteller (ein handgeschriebener Brief von Lord Byron hier, eine Haarlocke von Königin Victoria da). Die Besitzer haben außerdem zumeist höhere Bildung auf privaten Internaten erhalten, ihr Geschmack ist distinguiert und kultiviert.

Die Serie markiert nun als Problem, dass das enorme kulturelle Kapital nicht in ökonomisches Kapital eingetauscht werden kann: Zwar könnten die Häuser selbst sowie die darin enthaltenen Antiquitäten und Kunstwerke verkauft werden, aber nur um den Preis, dass das kulturelle Erbe der Nation verlorenginge – denn das besteht gerade aus dem Ensemble der in den Häusern und auf den Landsitzen vereinten Dinge; es ist mehr als die Summe seiner Teile. Zudem wird wiederholt festgehalten, dass die Familien über historisches Wissen verfügen, das sich aus der Familiengeschichte und den aufbewahrten Objekten speist.

Die Serie führt nun immer wieder vor, dass es dieser besitzenden Klasse am Geschäftssinn der Mittelklasse mangelt. Im Grunde wirkt Watson wie eine Margaret-Thatcher-Parodie – Watson trägt für gewöhnlich Ketten mit riesigen bunten Perlen. Thatcher war die Tochter von Krämern, wie sie gerne betonte, und sie beabsichtigte die britische Nation wie einen Krämerladen zu führen: Sie brachte kleinbürgerliche Tugenden wie Fleiß, kluges Haushalten und an Geiz grenzende Sparsamkeit symbolisch ins Spiel (natürlich leitete sie brutale neoliberale Reformen ein). Ausgerechnet die Frau aus dem kleinbürgerlichen Milieu versetzte mit ihrer Politik der englischen Arbeiterklasse den Todesstoß. Übrigens fügt sich diese Erkenntnis wunderbar in Pierre Bourdieus Analysen. Auch für ihn stellt die Frage, warum das kleinbürgerliche Milieu politisch als Verbündete des Bürgertums und nicht der Arbeiterschaft auftritt, den Ausgangspunkt für seine Klassenanalysen dar.

Ruth Watson wiederum verkörpert mit ihrem in jeder Episode betonten Unternehmergeist, und ihrer »zupackenden Art« ein kleinbürgerliches Arbeitsethos. Es ist klar, dass die Upperclass als eine Art Schwundstufe des ehemaligen Adels figuriert: Einst hatte man Geld, Macht und kulturelles Kapital – nun ist nur noch Letzteres geblieben. Die Privilegien, die aus einer Zeit der Feudalherrschaft stammen, erscheinen inzwischen eher als Last. Wer mag, darf sich an Edgar Allan Poes berühmte Geschichte *Der Untergang des Hauses Usher* erinnert fühlen, in der die Schicksale von Haus und Familie gewissermaßen körperlich verwoben sind – wobei das Haus mit der letzten besitzenden Generation untergeht. Man könnte die Serie auch »Raus aus den Schulden« nennen; allerdings verfügten die Akteure der deutschen Produktion selten über größere Mengen kulturellen Kapitals.

Interessant ist nun die Frage, wer durch die Serie unterhalten werden soll. Man darf annehmen, dass sich die Serie an ein Mittelklassepublikum wendet, das – wie Ruth Watson – fest im *meritokratischen Paradigma* verhaftet ist: Wer tüchtig und fleißig ist, der bringt es zu etwas – wie Selfmade-Woman Ruth Watson, von der wir annehmen sollen, sie habe sich aus eigener Kraft von unten hochgearbeitet. Ererbtes Geld und ererbte Güter werden als Privileg codiert, das kritikwürdig erscheint. So wird die Untüchtigkeit der Erben hervorgehoben, die gerade nicht nach der meritokratischen Gesellschaftslogik funktionieren. Ihr Besitz ist zufällig über sie gekommen, statt das Ergebnis von Intelligenz und Tüchtigkeit zu sein. Die Serie legt sogar nahe, dass man die Erben bemitleiden muss, weil ihnen die herrschaftlichen Besitztümer wie ein Klotz am Bein hängen (das wäre dann buchstäblich ein First-World-Problem).

Die Serie zeigt auf, wessen Werte die Gesellschaft dominieren sollen: jene der Mittelklasse, also weder die der ›Unterschicht‹ noch der Upperclass. Man könnte sogar sagen, dass die Serie Letztere als einen Haufen lebensuntüchtiger Träumer darstellt. Eine Folge ist in dieser Hinsicht besonders drastisch. Ein Ehepaar verweigert sich radikal allen Vorschlägen zur Rettung ihres verfallenden Anwesens. Die Frau des Hauses äußert immer wieder, sie habe keine Lust, dieses oder jenes zu machen, da es ihr schlicht keinen Spaß bereite. Das Paar scheint täglich hochprozentigen Alkohol zu konsumieren – allerdings vor einem heimeligen Kamin im *sitting room*. Im Grunde wird hier jedes Unterschichtenklischee – Arbeitsscheue, mangelnde Intelligenz, Alkoholmissbrauch – vorgeführt, allerdings umcodiert als eine Art depravierter Reichtum. Ein Kommentator des YouTube-Videos merkt an, dass diese Frau wohl in einem Sozialviertel aufgewachsen sei und nie gearbeitet habe. Tatsächlich glaubt man gern, dass sie noch nie gearbeitet hat. Aber der Habitus der Frau – sie organisiert ein Jazz-Konzert, vertreibt sich die Zeit mit dem Arrangieren von Blumen und gibt unentwegt Geld aus, ohne einen Überblick über ihre Finanzen zu haben – spricht gerade nicht für die Herkunft aus der Armutsklasse (auch wenn das der klassistische Kommentar impliziert). Noch brutaler fällt das Urteil eines anderen YouTube-Users über den Hausherrn aus. Er, der nicht klar artikulieren kann und einen fröhlich-verwirrten Eindruck macht, sei ein Beispiel dafür, was Jahrhunderte des Inzests im Adel bewirkt hätten.

Während *Country House Rescue* eindeutig Mittelklassewerte propagiert und unterstellt, dass begüterte Herrenhausbesitzer genauso untüchtig seien wie Menschen der sogenannten Unterschicht, zeigt die Reality-TV-Show *Obsessive Compulsive Cleaners* eine eigentümliche Deutung der Klassenlage Großbritanniens. In der Sendung putzen Menschen mit Sauberkeitszwang die Wohnungen von ›Messies‹. Als deutscher Zuschauer erwartet man nun intuitiv eine einfache Klassenlogik inklusive stereotyper klassistischer Abwertung: Man rechnet damit, dass die Messies der ›Unter‹- und Arbeiterschicht angehören und bloßgestellt werden sollen. Tatsächlich aber finden sich sowohl unter den Messies als auch unter den Putzneurotikern Angehörige aller Klassen, wobei sich das Zahlenverhältnis kontraintuitiv verhält: So sind die meisten Putzneurotiker Angehörige der Arbeiterklasse und des Kleinbürgertums (meine Klassenzuordnung basiert auf den genannten Berufsfeldern). Viele sind Reinigungskräfte. Hinzu kommen einige einfache Angestellte. Unter den Messies finden sich dagegen überproportional häufig Menschen mit höherem Bildungsabschluss, die in großen Häusern leben. Auch was die

Familiengröße anbelangt, werden gängige Klischees auf den Kopf gestellt: Viele der Frauen mit Reinlichkeitszwang haben überdurchschnittlich viele Kinder. Womit wiederum das Klischee von der asozialen Großfamilie gebrochen wird.

Was mich aus kulturwissenschaftlicher Sicht daran interessiert, ist die implizite Botschaft an den Betrachter: Tatsächlich handelt es sich um eine Sendung, die eine Art anthropologische Studie über Haushalte, Lebensgewohnheiten, Reinlichkeitsvorstellungen und ein Ethos der Sauberkeit durchführt. Diese Beobachtungen werden mit dem Nationalcharakter überblendet – im Vorspann jeder Sendung wird gefragt, ob es der Gruppe der Putzneurotiker gelingen werde, *the habits* – die Gewohnheiten – der Nation zu verändern. Es wird insinuiert, dass die meisten Briten weder gerne noch gut putzen.

Obwohl die Putzneurotiker nicht nur einer Klasse zugeordnet sind, wird deutlich, dass Sauberkeit, Fleiß und Ordnung zentrale Werte der unteren Mittelklasse sind, die es sich selbstverständlich zur Aufgabe macht, die Gewohnheiten der Nation zu verändern. Während die Angehörigen der Oberschicht diese Werte nie teilten (so die unterschwellige Botschaft), hat die Arbeiter- und Mittelklasse sie schlicht verlernt.

Betont wird eine Formel, die in der deutschen Betrachtung zur Arbeiterklasse und unteren Mittelklasse praktisch nie vorkommt, sich jedoch mit den Erfahrungen in meinem Umfeld deckt: Wenn ich an die Wohnungen und Häuser meiner Verwandten denke, scheint es mir, dass Angehörige der Arbeiterklasse besonders großen Wert auf Reinlichkeit und praktische Sauberkeit legen. Ordnung und Sauberkeit im Haushalt stehen für gute Organisation und Tüchtigkeit, das allgemeine Arbeitsethos spiegelt sich im eigenen Haushalt.

Ein häufig bemühtes Klischee über sozial Schwache lautet,

Karikatur von Gerhard Mester.

dass sie in verdreckten, unordentlichen Wohnungen leben – so wird es etwa in zahlreichen deutschen Dokusoaps vorgeführt. Oft ist jedoch das Gegenteil der Fall: Meine Mutter etwa erzählte mir, dass ihre Mutter strengstens darauf achtete, dass ihre sieben Kinder sauber und gut gekleidet das Haus verließen, um nur ja keinen Verdacht der Verwahrlosung auf sich zu ziehen. Das heißt, das negative soziale Stereotyp verstärkte das Bedürfnis nach Sauberkeit und Ordnung. Umgekehrt kenne ich viele gut ausgebildete und eigentlich einkommensstarke Eltern, deren Kinder in zerschlissener und schmutziger Kleidung herumlaufen, was einerseits eine Art Laissez-Faire und Lockerheit spiegelt, andererseits aber betont, dass man schon aus Umweltaspekten Kleidung so lange trägt, bis sie förmlich zerfällt.

Was nicht bedeutet, dass es keine einkommensarmen Menschen gibt, die in zerschlissener Kleidung herumlaufen, oder

Ein Raum im Warm-Minimalism-Stil.

dass es keine wohlhabenden Akademiker gibt, die ihre Kinder chic kleiden. Der Punkt ist, dass sich ein Bild von der Klassenwirklichkeit, ihrer Reinlichkeit und ihrem Konsumverhalten etabliert hat, das stets zu Ungunsten der ›unteren‹ oder einkommensärmeren Klassen ausfällt. Die beiden englischen Reality-TV-Shows illustrieren nicht nur den Klassenhabitus und das verinnerlichte Selbstbild der Klassen. Sie führen uns auch zum Thema der Stilfragen. Denn ganz nebenbei geben uns die Putzneurotiker Einblick in die Wohnungen von ganz normalen Briten, die nichts mit etwa den Instagram-Bildwelten des modernen Lebens zu tun haben.

Auf Instagram sind derzeit zwei Wohntrends zu sehen, die auf den ersten Blick nicht gegensätzlicher sein könnten: Zum einen der *Warm Minimalism*, bei dem die Räume, wie der Name schon sagt, minimalistisch eingerichtet sind, aber durch

Ein Beispiel für den sogenannten Cluttercore oder Maximalismus.

Stoffe, Texturen und organische Formen gleichzeitig gemütlich und warm wirken sollen. Daneben gibt es den *Cluttercore*: Unter dem Hashtag versammelt sind Interieurs mit riesigen Bücherwänden, Antiquitäten jeglicher Art – Marmorskulpturen, Gemälden und antikem Mobiliar, die aussehen, als seien sie einem englischen Adelshaus entnommen (und sie sind es oft auch). *Clutter* ist natürlich ironisch gemeint – denn es handelt sich durchaus nicht um Gerümpel, sondern um eine Ansammlung von Dingen.

Beide Stile sind nicht nur eine Frage des Geschmacks: Das cremefarbene Designersofa für 5000 Euro muss ziemlich regelmäßig gereinigt werden, und die mit Antiquitäten vollgestopften riesigen Räumlichkeiten verlangen schon nach einem Herrenhaus – oder jedenfalls einer großzügigen Immobilie mit viel Platz. Überhaupt, der Raum! Beiden Stilen ist gemein, dass der Flächenverbrauch groß ist; sie unterscheiden sich nur in der Frage, ob der Raum vor allem leer bleibt und mit wenigen kostspieligen Dingen gefüllt wird (was vielleicht der deutlichste Ausdruck von Reichtum in Zeiten hoher Immobilienpreise ist) oder ob der Raum mit *vielen* kostspieligen Dingen gefüllt wird.

Interessant ist nun, dass Stil und guter Geschmack als objektiv messbar betrachtet werden – so als hätte Geschmack nichts mit Klasse zu tun (siehe die Habitustheorie) oder als hänge die Frage, welche Möbel man sich kaufen kann, schlicht vom Geschmack und nicht von den finanziellen Möglichkeiten ab. Wer ein Sofa von Möbel Roller kauft, hat nach dieser Logik einfach nur keinen Geschmack, in Wahrheit hat die Person vermutlich einfach wenig Geld. Man sieht deswegen in den Reality Soaps, die sich zum Ziel setzen, Menschen in prekären Lebenslagen bloßzustellen, einen enormen Fokus auf ärmliche Interieurs, kaputte oder zusammengewürfelte Möbel. Es wird suggeriert, dass diese Menschen einfach keinen Geschmack haben und gerne so leben.

Es kommt allerdings vor, dass der Geschmack einer bestimmten Klasse zum Geschmack einer Nation oder einer nationalen Gruppe erklärt wird. Ein sehr gutes Beispiel hierfür ist der Pariser Chic. Seit einigen Jahren erfreuen sich Blogs, Bücher, YouTube-Beiträge und Home Stories zum Thema Pariser Chic großer Beliebtheit. Es gibt etwa auf dem YouTube-Kanal der *Vogue* eine ganze Reihe von Videos, in denen Pariserinnen den typischen Pariser Chic erklären. Schaut man sich die Videos an, sieht man, dass es sich beim gefeierten Pariser Chic eigentlich um den Stil und Habitus der Pariser Oberschicht handelt. Da sehen wir also Frauen zwischen 20 und 40, die in großzügigen Wohnungen im Zentrum von Paris leben, die mit Designermöbeln, Kunstgegenständen und Antiquitäten ausgestattet sind. Der Stil ist *Warm Minimalism*, abgesehen von cremefarbenen Sofas und Kunst an den Wänden sieht man wenige Gegenstände in den Räumen: Dass dort auch Kinder wohnen, nimmt man jedenfalls nicht wahr. In einem Video führt eine Journalistin Anfang dreißig durch ihre Wohnung, die mit Originalkunstwerken bestückt ist. Beim Zuschauen frage ich mich, ob Pariser Journalistinnen so viel besser verdienen als etwa Leipziger oder Berliner Journalisten. Ich ahne allerdings, dass das Geld für das Appartement in Traumlage mit drei Meter hohen Decken, kassettierten Wänden und feinstem Echtholzparkett nicht allein durch journalistische Arbeit verdient wurde.

Sehen wir hier ein *old money rich girl*? Das ist ein weiterer Hashtag, der auf Instagram populär ist. Die Bilder zum Hashtag zeigen die feinen Unterschiede zwischen *old money rich girls* – Frauen, deren Familien immer schon reich waren – und *new money rich girls* – also neureichen Frauen, die, so suggeriert es der Hashtag, einfach kein Empfinden für die feinen Unterschiede haben. Die Frage, um was es sich bei der jungen Journalistin handelt, klärt sich, als sie ihren liebsten Schmuck, der typisch für Pariserinnen sei, vorführt: Ererbter Goldschmuck und ein Beutelchen mit Diamanten (!), die sie in Kürze zu schönem Schmuck verarbeiten lassen wolle.

In der Doku *La Parisienne – der französische Stil* (interessant übrigens, dass erstens Paris mit ganz Frankreich und zweitens die Pariser Upperclass mit ganz Paris gleichgesetzt wird) erklärt die Sängerin und Schauspielerin Lou Doillon, ihrerseits Tochter von Autor Jacques Doillon und Schauspielerin Jane Birkin, dass das Geheimnis ihres Chics darin bestehe, sich nicht die Haare zu kämmen. Sich wie die Amerikanerinnen ein

So stellt sich der Blog *Red Wine and Red Shoes* den Stil des *old money rich girl* vor.

teures Kleid anzuziehen und die Haare stylen zu lassen, sei eher ordinär, erklärt sie. Stellen wir uns nur für einen Moment vor, eine Pariser Putzfrau erklärte uns, ihr Chic sei das Ergebnis der Tatsache, dass sie sich die Haare nicht kämme – würden wir ihr nacheifern wollen? Wäre es gesellschaftlich akzeptiert, wenn sie es vorzöge, sich nicht zu kämmen, noch dazu, wenn sie Schwarz wäre? Das, was hier als Chic gilt, funktioniert nur, wenn es von Geld und damit Luxusmarken wie etwa Versace flankiert wird. Und trotzdem sehnen sich Frauen überall auf

Laut der Stilberatung *Real Men, Real Style* drücken die *new money aesthetics* »Selbstbewusstsein, Freude am Luxus und Erfolg« aus.

der Welt nach dem Pariser Chic – eigentlich also danach, reich zu sein. Wenn man reich ist, muss man nicht einmal mehr seine Haare kämmen! Es könnte keine bessere Illustration der Bourdieu'schen Habitustheorie geben.

Für das Verständnis von Klassismus ist entscheidend, dass eine Sache nicht deswegen als gut oder schlecht, schön oder hässlich erachtet wird, weil sie eben gut, schlecht, schön oder hässlich ist – sondern weil sie von Menschen der herrschenden Klassen, die die Regeln buchstäblich willkürlich festlegen können, als gut oder schlecht erachtet wird. Sogar ein und dieselbe Sache – etwa die Frage des Kämmens- oder Nicht-Kämmens oder die Frage, wie dick man sich die Augenbrauen nachmalt, wird je nach Klassenzugehörigkeit anders gedeutet. Soziale

Umgangsformen zu brechen kann das Prestige einer reichen Person sogar erhöhen – man denke einmal an die Arroganz und Unhöflichkeit von Karl Lagerfeld. Bei einkommensarmen und formal gering Gebildeten wird es aber als Zeichen sowohl der individuellen Schlechtigkeit als auch der Schlechtigkeit der Herkunftsklasse gedeutet.

Damit kommen wir auf einen weiteren Aspekt von Klassismus zu sprechen: Klassismus bedeutet, dass das, was eine Angehörige einer Klasse tut, als Vorwurf und Urteil auf alle anderen Angehörigen derselben Klasse zurückfällt. Wenn also eine Bürgergeldempfängerin sich Leistungen erschleicht, gilt das als Beleg für die Betrugsneigung aller Bürgergeldempfänger. Ein fauler Arbeitsloser – oder »der faulste Arbeitslose Deutschlands« – gilt als Repräsentant der Gruppe, nicht etwa als negative Ausnahme. Umgekehrt muss der Angehörige der Gruppe jederzeit damit rechnen, alle gruppenbezogenen Vorurteile auf sich zu ziehen – sodass seine Handlungen nur im Rahmen dieser Vorurteilsstrukturen gedeutet werden. Das führt nicht selten dazu, dass sich Menschen die ihnen unterstellten Eigenschaften tatsächlich aneignen. Wer also immer schon als ›Prolet‹ gelesen wird, weil er körperlich arbeitet und von der Arbeit verschmutzt in der Bahn sitzt, der benimmt sich womöglich irgendwann wie ein echter Prolet – und erfüllt so die Erwartungen der Umwelt.

*

In meinem Roman *Schrödingers Grrrl*, der von einer depressiven Hartz-IV-Empfängerin erzählt, die weder Schulabschluss noch Ambitionen besitzt, bemühe ich sehr viele Klischees über Klassenzugehörigkeit. Und ich werde oft gefragt, warum ich diese benutze. Muss Literatur nicht die Klischees brechen? Ob sie das muss, weiß ich nicht – aber was mich so interessiert an Klischees, ist die Art, wie sie soziale Interaktionen ordnen. Ich sehe jemanden in der Straßenbahn, sehe, wie die Person sich kleidet und gibt, wie höflich oder unhöflich sie ist, und schon mache ich mir ein Bild von der Person, das weit über das hinausgeht, was ich wirklich sehen kann. Natürlich haben wir Bilder von Bankern und Bauarbeitern, von Juristinnen und Kosmetikerinnen vor Augen. In einer Welt, in der es erhebliche Statusunterschiede gibt, kann es sehr nützlich sein, Menschen anhand ihrer Erscheinung schnell in eine Schublade einzusortieren. Dann können wir uns gegebenenfalls entscheiden, ob wir uns dieser Person unterordnen wollen oder nicht.

In meinem Roman ist meine Protagonistin Mara zunächst einmal all das, was man Hartz-IV-Empfängern unterstellt: antriebslos und unwillig, einen Abschluss zu machen oder zu arbeiten. Sie kommt nicht klar mit ihrem Alltag, allerdings stellt sich heraus, dass es einen Grund dafür gibt: Mara leidet unter Depressionen. Sie ist also nicht einfach faul. Eigentlich soll das Buch zeigen, dass es zumeist eine Geschichte hinter den wahrgenommenen Eigenschaften und Verhaltensweisen gibt, etwas, das wir einer Person eben nicht ansehen können – etwa, wie es um ihre psychische Gesundheit steht. Das wurde von den meisten Lesern durchaus so wahrgenommen. Dann aber las ich einen Beitrag auf Instagram, den ich ziemlich erschreckend fand, weil eine Leserin anmerkte, dass sie das Buch aufgrund der Protagonistin nicht ertragen könne – eben weil Mara eine »Schmarotzerin« sei. Da habe sie beim Lesen »Puls« bekommen. Wenn sogar eine erfundene Romanfigur »Puls« erzeugt, dann kann man sich ausmalen, was echte Hartz-IV- bzw. Bürgergeldempfänger bei manchen Menschen auslösen.

Klassistische Vorurteile können so fest verankert sein, dass sie die Grenzen zwischen Realität und Fiktion sprengen. Und eigentlich sind sie immer schon Fiktion: Weil sie angenommene Eigenschaften auf eine ganze Gruppe projizieren, die widerlegt werden müssen. Doch selbst wenn sie faktisch widerlegt werden für Einzelne, bleiben sie für die Gruppe bestehen.

Stellen Sie sich vor, Sie würden jeden Tag mit einer Masse von Vorurteilen konfrontiert, die Sie permanent widerlegen müssen: Sie sind ständig im Verteidigungsmodus. Sie sehen die Blicke der anderen, die abschätzig über ihre kaputten Schuhe (neue können Sie sich gerade nicht leisten) oder Ihre Haare wandern, die längst wieder eines Haarschnitts bedürften (auch den können Sie sich nicht leisten). Sie wissen schon, was der andere denkt. Vielleicht kränkt es Sie – jeder Blick ein kleiner Nadelstich, vielleicht ignorieren Sie die Blicke, vielleicht geben Sie dem Gegenüber das, was es erwartet. Vielleicht sind Sie indifferent geworden, weil sich das Kämpfen gegen Windmühlen, gegen klassistische Vorurteile für Sie nicht lohnt. Was ändert sich schon?

Wenn Sie heute mit ungewaschenen Haaren aus dem Haus gehen, dann nicht, weil Sie das chic finden, sondern weil Ihnen die Kraft fehlte, die Haare zu waschen, weil ihre Bettdecke heute Morgen wie eine Schicht Beton auf Ihnen lastete, die Sie viel zu lange ans Bett fesselte. Offene Stromrechnungen, Zahnarztzuzahlung und obendrauf gestiegene Lebensmittelkosten. Wie das alles bezahlen? Warum nicht gleich im Bett bleiben, wenn der Kampf doch nicht lohnt? Aber dann würden Sie das Vorurteil bestätigen über die Faulen, die sich in der sozialen Hängematte ausruhen und deswegen eben zu Recht arm sind. Also raffen Sie sich auf und ertragen die Blicke. Augen zu und durch.

Von den ›Anderen‹ erzählen

In den Kritiken zu meinem Roman *Schrödingers Grrrl* wurde wiederholt angemerkt, es handle sich um ein Buch, das von Klasse und Klassismus erzählt. Obwohl ich nicht abstreiten würde, dass Klasse und die habituellen Unterschiede zwischen meiner arbeitslosen Protagonistin und den Akteuren im Literaturbetrieb zentrale Themen des Romans sind, finde ich die Aussage verräterisch. Jeder Roman über die Gegenwartsgesellschaft ist ein Roman über Klasse, denn Klasse ist überall. Es gibt, leider, keine klassenlose Gesellschaft, und selbst ein Roman, der Klassenerfahrungen oder Klassismus nicht explizit zum Thema macht, behandelt Klassenfragen. Wie viele Bücher über Thirty-Somethings in urbanen Milieus gibt es, in denen über Lebensstil, Karrieremöglichkeiten und Sinnsuche nachgedacht wird? Ist ein Roman, der in einem bildungsbürgerlichen Kontext spielt, kein Roman über Klasse? Was ich sagen will: Die Idee von »Klassenliteratur« scheint zu implizieren, dass da jemand von ›ganz unten‹ erzählt, von prekären Milieus, der Arbeitslosigkeit oder der verarmten Arbeiterklasse.

Diese Klasse ist sichtbar, und zwar als Abweichung von der Norm, als nicht angestrebte oder nicht idealisierte Lebensform. Die Mittelklasse, ihre teils sehr unterschiedlichen Lebensstile und politischen Ausrichtungen (anders, als der Begriff Mitte impliziert, gibt es hier ja ein breites politisches Spektrum) bleiben dagegen unmarkiert. Und so können Phänomene, die offensichtlich eine Frage der Klasse sind, aber in diesem Falle die Mittelklasse oder Klasse der Reichen betreffen, unhinterfragt bleiben. Wie das Beispiel des Pariser Chics zeigt. Die Markierung der Arbeiter- oder ›Armenklasse‹ als die andere verschleiert, dass die Mittelklasse bestimmte habituelle Eigenheiten hat und nicht einfach als Norm gesetzt werden darf. Klassenlagen haben nicht nur »die da unten«.

Arbeiterklasse

Was sehen Sie vor Ihrem geistigen Auge, wenn Sie ›Arbeiter‹ oder ›Arbeiterklasse‹ hören? Ich nehme stark an, dass Sie eher einen Mann vor sich sehen als eine Frau. Ich würde behaupten, dass der Mann die Verkörperung der Arbeiterklasse schlechthin ist und umgekehrt die arbeitende Klasse kaum je als weiblich wahrgenommen wird.

Es gibt eine Eigenerzählung der Arbeiterklasse, deren Mitglieder mit Stolz auf ihre Arbeitsleistung, ihre Körperlichkeit und eine spezifische Form gelebter Solidarität blicken. Dieser Stolz ist Teil der historischen Erfahrung und Selbstidentifikation der arbeitenden Klasse; doch von ihm ist oftmals nur wenig geblieben. Die Selbstidentifikation der Arbeiterklasse ist heute schwach ausgeprägt, und vermutlich gibt es einen Zusammenhang zwischen der sinkenden Zahl der gewerkschaftlich organisierten Arbeiterklasse und der Selbstwahrnehmung als stolze Klasse. Oder überhaupt als Klasse. Dazu trägt mit Sicherheit bei, dass wir immer häufiger von Dienstleistungen sprechen, gar von einer Dienstleistungsgesellschaft, wenn wir körperliche Arbeiten und Serviceleistungen meinen, die nicht in Fabriken erbracht werden, sondern in Privathaushalten oder Privatunternehmen. Und die doch nichts mit einem Angestelltendasein zu tun haben. Das beste Beispiel hierfür sind Reinigungskräfte.

Vielleicht täusche ich mich, aber ich höre inzwischen sehr viel häufiger Akademiker, die aus Arbeiterhaushalten stammen, über die Arbeiterschaft oder die Arbeiterklasse sprechen, als die Arbeiter selbst. Es gibt Vereine wie Arbeiterkind e. V., die sich der Vernetzung von Arbeiterkindern an Universitäten widmen und diesen konkrete Hilfsangebote machen wollen. Die Identifikation mit der Arbeiterklasse scheint leichter, wenn man sie habituell längst verlassen hat. Oder wenn man Zeit hat darüber nachzudenken, was die eigene Herkunft aus der Arbeiterklasse mit einem gemacht hat und immer noch macht. Ich nehme mich davon selbst nicht aus: Wie ich oben angemerkt habe, kam die Erkenntnis, dass ich natürlich aus einem Arbeitermilieu, der Arbeiterklasse stamme, erst spät in meinem Leben. Es war just die Auseinandersetzung mit der Theorie, die mich darauf brachte. Nicht die Praxis einer Klasse, die sich als eine solche identifiziert.

Es gibt unterschiedliche Untersuchungen dazu, wie sich Arbeiter identifizieren. Eine jüngere soziologische Untersuchung stellt fest, dass 62 Prozent der Facharbeiter sich der Unter- bzw. Arbeiterschicht zurechnen, dagegen nur 37 Prozent der Mittelschicht. (Vester u. a., Klassen – Fraktionen - Milieus, S. 78) Diese Zahlen verweisen auf die oben beschriebene Überschneidung zwischen Mittelklasse und Arbeiterklasse. Allerdings geht es hier nur um die eigene Wahrnehmung – die Zahlen besagen nicht, wer etwa ökonomisch der Mittelklasse zuzurechnen ist, es geht um die Selbstwahrnehmung, die idealisierend wirken kann. Oder negativ verfälscht sein kann.

Dass Menschen sich freiwillig oder unbewusst der falschen Klasse zuordnen, mag auch erklären, warum sie gegen die eigenen Interessen stimmen. Man will Mitte sein, doch die Politik der Mitte, für die man stimmt, vertritt gerade nicht die Interessen der eigenen Klasse. So gibt es zahlreiche Beispiele für klassistische politische Entscheidungen, die im besten Fall Ausdruck von Unkenntnis, im schlechtesten Fall Absicht sind. Rufen wir uns in Erinnerung: Bei Klassismus geht es nie nur um eine Abwertung durch Sprache, sondern um konkrete strukturelle und systemische Formen der Benachteiligung. Das zeigt sich beim politischen Handeln besonders deutlich etwa bei den Lohnnebenkosten und Renten. Arbeitseinkommen werden im Vergleich zu Kapitaleinkommen in Deutschland höher belastet. Auf den Arbeitslohn entfallen bis zu 42 Prozent Einkommenssteuer, hinzu kommen Renten- und Krankenversicherungskosten. Auf Kapitalerträge werden hingegen nur 25 Prozent Steuern fällig. Das allein ist unfair genug und benachteiligt die gesamte Mittel- und Arbeiterklasse. Die Belastung besonders kleiner Einkommen ist allerdings überproportional hoch. Etwa weil es eine Beitragsbemessungsgrenze gibt, die knapp unter 5000 Euro liegt. Wer also mehr verdient, zahlt auf die zusätzlich verdienten Euros nun keine Beiträge mehr. Das ist umso ungerechter, als man einen bestimmten Mindestbetrag für Wohnen, Essen, Kleidung und dergleichen ausgeben muss. Das heißt, von dem überproportional mit Renten- und Versicherungskosten belasteten kleinen Gehalt muss überproportional viel für Miete und Lebenshaltungskosten ausgegeben werden. Es bleibt dann kein Geld übrig, um zu sparen. Auf die unteren fünfzig Prozent innerhalb der Einkommensverteilung entfallen daher nur drei Prozent des Gesamtvermögens hierzulande. So wird ein Jobverlust oder eine Scheidung oder das Alleinerziehen rasch zur Armutsfalle.

Noch ungerechter wird es bei der Rente, bei der uns gebetsmühlenartig gepredigt wird, wir würden alle immer älter. Das stimmt im statistischen Mittel. Wer aber die ganze Wahrheit erzählt, darf nicht verschweigen, dass die Lebenserwartung von Arbeitern erheblich geringer ist als jene von Beamten und Angestellten. So dürfen Beamte, die das 65. Lebensjahr erreichen, im Schnitt noch 21,5 Lebensjahre genießen, Arbeiter dagegen nur 15,9. Man muss sich diese doppelte Ungerechtigkeit vor Augen führen: Arbeiter treten im Schnitt deutlich jünger ins Berufsleben ein als Angestellte und Beamte, beziehen aber wesentlich kürzer Rente. Und natürlich erhalten sie eine sehr viel geringere Rente – denn diese orientiert sich am Lohn, den man erwirtschaften konnte. Das ist klassistische Politik – und zwar deshalb, weil sie Klassenunterschiede ignoriert.

Meine Mutter starb mit 69 Jahren, mein Vater starb mit 55. Mein Vater hatte zuvor 40 Jahre gearbeitet, meine Mutter 54 Jahre! (Sie begann ihre Ausbildung mit 15 und arbeitete bis zu ihrer schweren Erkrankung.) Nimm das, Lebensleistungsrente! Trotzdem denkt man nicht als Erstes an Arbeiterinnen oder die arbeitende Klasse, wenn man von Leistungsträgern redet, und daran hat auch – allen anderslautenden Bekundungen zum Trotz – die Coronapandemie nichts geändert. Meine Mutter erhielt jedenfalls keine Coronaprämie dafür, dass sie weiterhin als Reinigungskraft arbeitete, obwohl sie Mehrfach-Risikopatientin war, es anfangs keine Masken zum Selbstschutz und keine Impfungen gab. Sie erledigte still ihre Arbeit.

Übrigens glaube ich, dass diese Stille besonders kennzeichnend für Frauen der Arbeiterklasse ist, was diese wiederum für bestimmte Formen der Ausbeutung prädestiniert. Wann immer die Arbeitgeber meiner Mutter den Mindestlohn verweigerten, indem sie etwa Stundenzettel manipulierten, klagte sie mir ihr Leid oder war im Stillen frustriert. Aber sie lehnte sich nicht auf. Auch in der Politik vertraut man bei vielen im Kern klassistischen Maßnahmen, gerade gegenüber Frauen, fest darauf, dass die Betroffenen ihren Mund nicht aufmachen. Etwa wenn das Elterngeld für einkommensärmere Eltern erheblich geringer ausfällt als für Besserverdienende und im Vergleich zur alten Erziehungsgeldregelung um die Hälfte gekürzt wird. Dadurch wurden Frauen der Arbeiter- und Armutsklasse massiv benachteiligt. Aber sie klagten nicht. Wie gewaltig war dagegen der Aufschrei, als Pläne der Familienministerin Lisa Paus publik wurden, die eine Einkommensgrenze für das Elterngeld von 150 000 Euro brutto jährlich vorsahen. Nicht wenige kippten vor Schreck von ihrer Habitat-Couch. In Elternforen entdeckte ich Beiträge von Müttern, die sich kurz davor wähnten, in Armut abzurutschen, weil sie ohne Elterngeld nicht mehr über die Runden kämen. Wer ernsthaft behauptet, er hätte bei einem solchen Jahresnettoeinkommen keinerlei Erspartes, der sollte sich dringend die Spartipps zu Gemüte führen, mit denen man sonst Bürgergeldempfängern so großzügig aushilft.

*

Es gibt allerdings nicht nur Klassismus, der sich gegen die Arbeiterklasse richtet, sondern außerdem einen spezifischen Klassismus, der von der Arbeiterklasse ausgeht. Wenn sich eine Gruppe oder Klasse im Wesentlichen über ihre Stellung im Produktionsprozess definiert, also über Arbeit oder ›Maloche‹, ergibt sich fast zwangsläufig eine Tendenz zur Abwertung derer, die *nicht* arbeiten. Antiklassistische Autoren klammern diesen Aspekt häufig aus, indem sie lediglich auf die klassistischen Vorurteile der Mittelklasse gegen Erwerbsarbeitslose eingehen. Es ist leichter, Klassismus als Ideologie der Wohlhabenden zu denken, deren Opfer Arbeiter sind, als Subjekte der Arbeiterklasse ihrerseits in ideologische Prozesse der Abwertung verstrickt zu sehen. Dabei gibt es keinen Grund, darüber zu schweigen. Es ist möglich, über die strukturellen, im Kern klassistischen (arbeitsmarkt-)politischen Entscheidungen zu sprechen, die zum Nachteil der Arbeiterklasse getroffen werden, *und* festzuhalten, dass der Klasse selbst Klassismus nicht fremd ist.

Wichtig erscheint mir, dass das Bedürfnis nach Abgrenzung ›nach unten‹ umso ausgeprägter ist, je prekärer die eigene Arbeitssituation ausfällt, sowohl was die Einkommenshöhe als auch die Jobsicherheit anbelangt. Keineswegs führt das Prekärwerden von Arbeit zwangsläufig zu mehr Solidarität und Zusammenhalt. Das Gegenteil scheint der Fall zu sein. Zugleich eröffnet dieser schwindende Zusammenhalt einen Ansatzpunkt für klassistische Politiken.

Besonders Menschen, die prekär leben, obwohl sie arbeiten, haben ein ausgeprägtes Bedürfnis, sich gegen jene, die nicht arbeiten (können), abzugrenzen. Deswegen verfing etwa die perfide Rede vom Lohnabstandsgebot in den Debatten um die Einführung des Bürgergelds: Sowohl CDU- als auch FDP-Politiker kreideten im Kontext der Bürgergeld-Einführung und der damit verbundenen Erhöhung der Bedarfssätze an, dass diese zu nah an den niedrigsten Arbeitslöhnen lägen. Wer arbeitet, solle mehr haben, als jene, die nicht arbeiten. Diese Aussage klingt absolut richtig, wirklich fair, allerdings ist sie das nur unter bestimmten Prämissen: So müssten alle Menschen gleichermaßen Zugang zum Arbeitsmarkt und zu Arbeitsplätzen haben sowie im selben Maße zur Vollzeitarbeit befähigt sein. Das allerdings dürfte für Alleinerziehende bisweilen schwierig sein, ebenso für Kranke oder behinderte Menschen oder für jene, die in strukturschwachen Regionen leben. Unterschwellig manifestiert sich in der Aussage die Konsequenz, dass jemand, der – aus welchen Gründen auch immer – nicht arbeitet, kein Recht auf ein auskömmliches Leben, auf eine gute Ernährung und kulturelle Teilhabe hat, weshalb er oder sie von der Gemeinschaft nur so weit versorgt werden sollte, dass er oder sie nicht verhungert. Unbewusst unterstellt diese Aussage, dass jemand, der keiner Erwerbsarbeit nachgeht, am Ende schlicht faul ist und nichts leistet – unabhängig davon, ob die Person etwa Care-Arbeit erledigt oder ehrenamtlich arbeitet.

Wer das Lohnabstandsgebot für richtig hält, hat die Möglichkeit, Löhne anzuheben, wie es in Form der Mindestlohnerhöhung geschehen ist. Erinnert man sich noch, wie heftig gegen die Maßnahme vonseiten der Arbeitgeberverbände polemisiert wurde? Es hieß, das führe zu steigender Arbeitslosigkeit. Das war aber offensichtlich nicht der Fall. Die Rede vom Lohnabstandsgebot, die insinuiert, die Fleißigen würden geschröpft, die Faulen aber belohnt, ist ein gutes Beispiel dafür, wie die Klasse der Wohlhabenden die Arbeiterklasse gegen die Gruppe der Armen bzw. des Prekariats ausspielt. Allerdings funktioniert das deshalb so gut, weil das klassistische Vorurteil bereits in der Arbeiterklasse angelegt ist. Es verfängt sowohl bei den Teilen der arbeitenden Klasse, die zur mittleren Mittelklasse gehören und dem Leistung-muss-sich-lohnen-Prinzip anhängen, als auch bei prekär Beschäftigten, die den Wunsch nach einer Abgrenzung von den Armen hegen.

Der Begriff Care-Arbeit leitet sich von dem englischen Wort *care* = Sorge ab. Man spricht daher auch von der »Sorgearbeit«. Gemeint sind all jene Aufgaben, die in die Bereiche Fürsorge und Pflege gehören – etwa die Sorge für Kinder und pflegebedürftige Erwachsene. Der Begriff Care-Arbeit wurde zunächst für familiäre Aufgaben verwendet, um diese von der bezahlten Lohnarbeit abzugrenzen. Care-Arbeit meinte in diesem Sinne: unbezahlte Fürsorgearbeit. Heute wird der Begriff häufig weiter gefasst – und damit unschärfer –, indem alle Fürsorgearbeiten, auch die bezahlten, als Care-Arbeit bezeichnet werden.

Diese Abwertung stellt einen wichtigen Anker des Selbstwertgefühls dar. Bei aller Angst, abzurutschen, kann man sich trösten, man sei am Ende doch tüchtig und fleißig, werde also nicht ganz unten landen.

In meiner Familie wetterten insbesondere mein Vater, meine Onkel und meine Tanten mütterlicherseits permanent gegen Asoziale, Arbeitslose, Faule und Ausländer. Je geringer der formale Schulabschluss und die Qualifikation, je größer die Abstiegsgefährdung, desto größer war die Tendenz zur Abwertung. Die Figur des Ausländers avancierte ihnen zum absoluten Feindbild, weil es sich um eine Person handelt, die vermeintlich nicht arbeitet, nicht produktiv ist und von einem System profitiert, zu dem sie selbst nichts beigetragen hat. Es handelt sich dabei um eine Verquickung xenophober bzw. rassistischer und klassistischer Stereotype. Da nützt es nichts, auf globale Ausbeutungsprozesse zu verweisen oder deutlich zu machen, dass die vielgescholtenen ›Wirtschaftsmigranten‹ ja arbeiten wollen, um sich ein besseres Leben aufbauen zu können.

Mit dem Rassismus komme ich zu einem weiteren problematischen Aspekt des Sprechens über die Arbeiterklasse. Es gibt das Bild des rassistischen Arbeiters, des Pöbels und Proleten, der alles Fremde hasst. Häufig wird insbesondere in der Mittelklasse rassistisches Ressentiment fast vollständig als Problem der Arbeiterklasse oder der Gruppe der Erwerbsarbeitslosen dargestellt. Fraglos gibt es Rassismus in der Arbeiterklasse, und fraglos lassen sich rassistische wie klassistische Einstellungen gegen Schwächere politisch instrumentalisieren. Das funktioniert in ganz Europa und den USA offensichtlich sehr gut; Rechtspopulisten feiern große Erfolge, weil sie der Arbeiterklasse vermitteln konnten, nicht das Kapital sei schuld an ihrer Lage, sondern der ausländische Arbeiter (der mal als Mexikaner, mal als Nordafrikaner, Pole oder Rumäne auftreten kann).

Mit dem Verweis auf rechtspopulistische Parteien nähern wir uns einem schmerzhaften Punkt in der Geschichte der Arbeiterklasse: Die Klasse, die traditionell links wählte, je nach Land kommunistische oder sozialdemokratische Parteien, wählt heute häufiger rechts. Das lässt sich sowohl in den USA als auch in Europa beobachten. In ihrem Buch *White Working Class* führt Joan C. Williams dies für die USA auf den Umstand zurück, dass es der (zutiefst akademisch geprägten demokratischen Partei) nicht einleuchte, dass ausgerechnet ihre Solidarisierung mit den besonders Armen die weiße Arbeiterklasse vor den Kopf stoße. Ihr Argument lautet, die *working class* wolle keine Almosen, sondern Arbeit, sie wolle Anerkennung, kein Mitleid. Sie sei deswegen gegen Sozialpolitik wie Obamacare, weil diese ihre eigenen Beiträge verteuere, ohne dass sie bessere Leistungen aus der Gesundheitsvorsorge bezögen (Williams, 2020, S. 5). Es geht also um das Gefühl, eine andere

Gruppe werde gegenüber der eigenen bevorzugt. Das offenbart ein Denken in Nullsummenspielen – ganz so, als könne die reiche Industrienation USA nicht allen Menschen ein gutes, auskömmliches Erwerbseinkommen und gute allgemeine Gesundheitsvorsorge ermöglichen. Der zu verteilende Kuchen scheint zu klein, als dass alle die Möglichkeit erhalten könnten, lebensrettende Krebsmedikamente auf Basis einer Krankenversicherung zu erhalten. Noch tragischer mutet der Umstand an, dass die Entsolidarisierung mit den Ärmsten und Schwächsten zur Wahl einer Partei führte, die immer wieder Steuererleichterungen für die Reichsten des Landes durchsetzte.

Doch warum wählt die Arbeiterklasse gegen ihre ›Interessen‹? Man kann hier nochmals auf Bourdieu verweisen, der beschreibt, dass Interessen sich nicht allein aus der ökonomischen Stellung im Verwertungsprozess ableiten lassen. Nur weil jemand armutsgefährdet ist oder Opfer klassistischer Politiken, heißt das noch lange nicht, dass er die ›richtige‹, in diesem Falle eine ›linke‹ Partei wählen würde. Zuletzt wurde etwa in Deutschland immer wieder darauf hingewiesen, dass nicht wenige Angehörige der Arbeiterklasse zwar links denken, wenn es um den Sozialstaat geht, aber wertkonservativ sind, wenn es um Geschlechterrollen oder Familienbilder geht. Eine in diesem Sinne sehr progressive Linke scheint ihnen nicht wählbar. Und so wählen in Frankreich, den USA und in Deutschland (insbesondere im Osten Deutschlands) viele rechts, weil sie ihre Werte bei linken Parteien nicht vertreten sehen. Was allerdings nicht zu dem (Kurz-)Schluss führen sollte, dass nur oder vor allem Arbeiter etwa die AfD wählen (bei der Wählergruppenanalyse bestätigt sich dieses Bild nicht).

*

Klassistische Vorurteile gegen Arbeiter betreffen noch heute oft den Lebenswandel, das Wertesystem. Deswegen gab es seit dem 19. Jahrhundert eine Vielzahl bürgerlicher Sozialreformer, die die Arbeiterklasse nicht nur um ihrer selbst willen retten wollen (wie etwa Marx' Weggefährte und Geldgeber Friedrich Engels, selbst Fabrikantensohn – oh, die Ironie der Geschichte!). Sondern auch solche, die das Elend der Arbeiterklasse beenden wollten, um einen gesellschaftlichen Verfall insgesamt entgegenzuwirken, weswegen die Sitten und die Moral der Arbeiter verbessert werden sollten. Man könnte meinen, das spiele heute bei der Betrachtung der Arbeiterklasse überhaupt keine Rolle mehr. Doch tatsächlich gibt es solche Vorurteile und Tendenzen noch immer. Zwar haben sie sich in Richtung des Prekariats und der Armutsbetroffenen verschoben, zum Teil wirken sie sich aber immer noch auf die Politik gegenüber der Arbeiterklasse aus.

Im 19. und selbst zu Beginn des 20. Jahrhunderts hatten Arbeiter im Schnitt mehr Kinder als bürgerliche Familien. Das führte zu zahlreichen Bestrebungen, die Geburtenrate bei Arbeitern (und umso mehr bei Arbeitslosen und dem ›Lumpenproletariat‹) zu reduzieren. Vordergründig sollte das die Lebensbedingungen verbessern – das Elterngehalt kann dann die Kinder leichter ernähren. Zudem sollte es auch das demografische Verhältnis in der Balance halten. Bis in die jüngste Sozialpolitik des 21. Jahrhunderts zieht sich das klassistische Ressentiment, dass nur die ›Richtigen‹ Kinder bekommen sollten, nämlich jene, die ihre Kinder gut versorgen können. Arbeitslose oder einfache Arbeiter sollen dagegen bitte nicht zu viele Kinder bekommen, die dann quasi zwangsläufig in Kinderarmut abrutschen. Das Elterngeld war und ist ein dezidiert klassistisches Gesetz, weil es die Erziehungsleistung von Eltern der Mittelklasse wesentlich höher honoriert als jene von einkommensärmeren Familien. Dass ein Gesetz, das vielen Arbeiterinnen und prekär beschäftigten Frauen das bisschen Erziehungsgeld zusammenstrich, als feministische Wohltat gepriesen werden konnte, zeigt deutlich, dass es einen intersektionalen Feminismus braucht. Also einen, der der Tatsache Rechnung trägt, dass nicht alle Frauen dieselbe Klassenlage und damit dieselben sozioökonomischen Interessen teilen.

Das Elterngeld wurde auch ausdrücklich als Mittel diskutiert, die Geburtenrate unter Akademikerinnen, die vermeintlich intelligentere Kinder fabrizieren, zu erhöhen. Die implizite Botschaft lautet allerdings, dass sich Elternschaft für einkommensärmere Familien nicht »lohnen« solle (weil das Bild mitschwang, Leute bekämen nur Kinder, um soziale Unterstützung zu beziehen). Mir kann niemand erklären, warum eine einkommensstärkere Familie vom Ehegattensplitting steuerlich profitieren, eine einkommensärmere Familie aber nicht von Sozialleistungen profitieren darf. Jede Erklärung hat eine klassistische Prämisse: Die einen würden ja etwas leisten, die anderen nicht. Doch es gibt Menschen in Vollzeitarbeit, die einkommensarm sind. Und wenn es doch um Erziehungsleistung geht: Warum ist die Ehefrau eines Bankers, wenn sie keiner Erwerbsarbeit nachgeht, eine »Hausfrau«, die Frau eines prekär Beschäftigten aber »arbeitslos« in exakt derselben Situation?

Ich habe früher in Dresden-Pieschen gewohnt; den Stadtteil kennt man in Dresden auch als »Fick-Pieschen«. Pieschen war früher ein Arbeiterstadtteil. Die Tatsache, dass dort kinderreiche Arbeiterfamilien lebten, brachte dem Stadtteil den Beinamen ein. Wie viele Kinder man sinnvollerweise haben sollte, ist eine Frage der Klassenmoral. Das führt dazu, dass kinderreiche Familien schnell als asozial abgestempelt werden. Viele Kinder zu haben ist tatsächlich der sicherste Weg, in Deutschland in die Armutsfalle zu tappen. Kinderreichtum führt zu Kinderarmut, so die traurige Gleichung, auf die Studien immer wieder verweisen.

Armutserfahrungen

Ich war 19, als ich meinen Sohn bekam. In der Zeit zwischen seiner Geburt und der Aufnahme meines Studiums bezog ich Hartz IV. Es waren zehn Monate, in denen ich die Erfahrung so vieler Menschen teilte, die mit Hartz-IV-Leistungen – die nun Bürgergeld heißen – leben müssen: Das Gefühl der Herabwürdigung war ein täglicher Begleiter. Vielleicht haben Sie noch nie Sozialleistungen bezogen und können daher nicht nachvollziehen, warum die Menschen, die von der Allgemeinheit finanziert werden, nicht vor allem eins sind: dankbar.

Im Grunde beginnt bereits hier das klassistische Ressentiment. Die Logik, wonach dankbar zu sein hat, wer von der Allgemeinheit mit dem Nötigsten versorgt wird, basiert darauf, dass wir Armut und Arbeitslosigkeit als individuelles Versagen einerseits und als normale Erscheinung des Kapitalismus andererseits akzeptieren. Ob es anders gehen könnte, also etwa eine Gesellschaft denkbar wäre, in der es kein Heer aus Armen und Arbeitslosen gibt, danach wird gar nicht mehr gefragt.

Doch bleiben wir zunächst bei der Erfahrung von Armut und den Ressentiments, mit dem man in der Armut konfrontiert wird. Im Kern geht es, wie ich glaube, um viele kleine Abwertungserfahrungen und Demütigungen. Ich benötigte damals beispielsweise eine Waschmaschine und einen Kühlschrank für meine noch leere Wohnung; ein Sofa wäre ebenfalls praktisch gewesen. Ich konnte einen Antrag auf Leistungen für solch eine Grundausstattung stellen. Daraufhin erhielt ich einen Gutschein für ein Möbelkaufhaus, das von einem Sozialträger betrieben wurde, anstelle einer Geldsumme, die mir jedenfalls eine gewisse Wahlfreiheit ermöglicht hätte. Das Prinzip sah so aus, dass Menschen, die selbst Hartz IV bezogen, in diesen Kaufhäusern arbeiteten und etwa die Abtransporte der Möbel aus Privathaushalten, die gespendet hatten, übernahmen. Einerseits sollten also Arbeitslose an Arbeit herangeführt werden – was impliziert, dass sie gar nicht wüssten, wie Arbeiten geht. Andererseits sollten Bedürftige durch die Spenden mit Notwendigem versorgt werden, ohne dem Sozialträger direkte Kosten zu verursachen. Solch ein Almosensystem ist für Armutsbetroffene stets problematisch. Es erzeugt eine direkte Abhängigkeit zwischen dem Spender und den Armen, selbst wenn sich beide in diesem Fall nicht begegnen. Ich nehme an, dass das Spenden den Spendern gute Gefühle verursacht. Allerdings war die Qualität der gespendeten Gegenstände schlecht; vieles war gespendet worden, um es nicht auf dem Sperrmüll entsorgen zu müssen.

Die Möbel waren alt und abgenutzt. Hier begegneten sie mir wieder, die Veloursofas mit den buntgemusterten Bezügen, die meine Mutter bei Versandhändlern bestellt hatte, als ich jung war, und die heute als Inbegriff kleinbürgerlicher Spießigkeit und Geschmacklosigkeit gelten. Sie erinnern an Bussitze, die gescheckt sind, weil man dann die Flecken nicht so leicht erkennt. Das Sozialkaufhaus hatte auch ein paar Uralt-Elektrogeräte zu bieten. Vergilbte Haushaltsgeräte, deren Stromverbrauch vermutlich exorbitant war. Ich verließ das Sozialkaufhaus, dieses Kaufhaus für Arme, mit leeren Händen.

Im ersten Jahr wusch ich meine Wäsche in der Waschmaschine meiner Mutter. Ich erwarb einen kleinen Kühlschrank mit bester Energiesparklasse – und freute mich, dass ich im Monat nicht mehr als fünfzehn Euro für Strom bezahlen musste. Anstelle eines Sofas erhielt ich einen alten Sessel meines Vaters, ein Klapptischset samt Stühlen aus dem Garten der Eltern meines Exfreundes und einen kleinen Beistelltisch aus dem Nachlass seiner Großmutter. Eine Matratze aus meinem alten Kinderzimmer sowie zwei Bücherregale und einen Kleiderschrank besaß ich schon. Ich war also eingerichtet, wenngleich spartanisch, und mein Vater hatte mir geholfen, die Unter- und Oberschrankkombination aus weiß laminiertem Pressspan, die wir für 80 Euro in einem Möbeldiscount erworben hatten, an der Küchenwand anzubringen. Ich versuchte, es mir gemütlich einzurichten.

Diese Dinge selbst ausgewählt zu haben, obwohl sie weder chic und edel noch modisch oder zeitlos elegant waren, war enorm wichtig für mich. Ich konnte damit leben. Das sind kleine Symbole dessen, was man als Würde bezeichnet. Das Gefühl, eine Wahlmöglichkeit zu haben, selbst wenn es um scheinbar Nichtiges geht wie die Wohnungseinrichtung. Denken Sie einmal an das beliebte Vorurteil gegenüber Menschen der unteren Klassen, wonach sie keinen Geschmack besäßen. Tatsächlich leben sie ja oft mit Dingen, die nicht im Sinne der werbefinanzierten Wohnmagazine als ›zeitlos‹, ästhetisch und elegant gelten. Kein Wunder, denn die Insignien vermeintlich zeitlos-guten Geschmacks sind oft teure Designermöbel, die man sich leisten können muss. Die angebotene Ware von Möbeldiscountern ist dagegen billig produziert, grell, unförmig. Aber eben eins: günstig.

Zugleich werden diese Dinge ja gestaltet, und zwar bemerkenswerterweise von Menschen, die studiert haben. All das, was so grell und hässlich und billig aussieht, ist bewusstes Design, und es spricht von einem bestimmten Menschenbild. Man kann auch günstige Möbel entwickeln, die zeitlos sind. Ich finde es recht lustig, wenn Menschen die Nase über IKEA-Möbel rümpfen (es gibt ja gute Gründe, IKEA zu kritisieren, etwa, wenn es um Arbeitsbedingungen von Arbeitern im Ausland, Steuervermeidung oder Holzquellen geht). Aber günstige und zugleich tatsächlich zeitlose Möbel wie die Billy-Regale, in denen meine Bücher stehen, versprechen einkommensärmeren Menschen eine neutrale Einrichtung. Es handelt sich um ›demokratische‹ Möbelstücke. Jedenfalls hat sich noch keiner meiner Freunde darüber gewundert, dass meine Bücher in Billy-Regalen statt in maßgefertigten Echtholzregalen stehen.

Das ist die eine Seite des vermeintlich stillosen Konsums der Armenklasse, das Geld also. Die andere Seite besteht darin, dass diejenigen, die festlegen, was guter Geschmack ist, der oberen Mittelklasse angehören, und die geschmacklichen Vorlieben ja bei weitem nicht immer nachvollziehbar sind. Im Jahr 2022 wurden aus unerfindlichen Gründen – so unerfindlich waren die Gründe nicht, die Dinger wurden schlicht in allen Wohnzeitschriften gezeigt – Plastikboxen, die an jene Klappboxen erinnerten, die man in den frühen 90ern zum Einkaufen nutzte, populär. Man sah sie überall. Abgelöst wurden die Plastikboxen durch Pappmaché-Boxen, die – mit Verlaub – nun wirklich hässlich waren. Außerdem waren sie völlig überteuert angesichts des verwendeten Materials.

In der Wohnung einer Erwerbslosen platziert, hätten sie als letzter Beweis ihrer Stillosigkeit gegolten, doch in einem schicken Mid-Century-Ambiente platziert, neben einem Togo-

Aufbewahrungsboxen aus Recycling-Papierzellstoff als Statussymbol der Mittelschicht.

Sofa in Cremeweiß oder Cognacbraun (lustig, nicht wahr, wie unverwechselbar und individuell der Geschmack der Wohlhabenden ist?), wirkt die Sache stilvoll unkompliziert und obendrein super ökologisch – ist schließlich Pappmaché. Man kann sich den Zynismus angesichts der offensichtlich irrationalen Einteilung guter und schlechter Stile und Geschmacksnuancen einfach nicht verkneifen.

Ich war eine typische Studentin, die ihre Bude mit Retro-Möbeln füllte. Alles, nur nicht mit den Scheußlichkeiten aus den Katalogen der Vergangenheit leben, so wie ich es bereits in meiner Kindheit hatte tun müssen. Es mag absurd klingen, dass man sich ausgerechnet in der Armutserfahrung nach Schönem sehnt – man ist geradezu süchtig danach. bell hooks beschreibt das in ihrem Buch *Die Bedeutung von Klasse*. Sie habe stets zu viel für Kleidung ausgegeben, weil ihr Bedürfnis nach schönen Dingen so überbordend gewesen sei. Ich verstehe sie absolut. Sich und den eigenen Kindern das Leben mit kleinstem Geldaufwand irgendwie schön machen zu wollen ist ein Bedürfnis, das viele Menschen in der Armut teilen. Absurderweise werden einkommensarme Menschen selbst dafür klassistisch angefeindet. Noch jede Konsumentscheidung eines einkommensarmen Menschen wird als Ausdruck persönlicher Vorlieben und oft falsch gesetzter Prioritäten begriffen, für die es sich zu rechtfertigen gilt. Plötzlich sind subjektive Entscheidungen eben nicht mehr als solche akzeptiert, sondern werden in einem größeren Kontext von vermeintlicher Moral, Zweckmäßigkeit und Klugheit verortet.

Ich erinnere mich gut daran, dass meine Mutter uns Kindern auch dann noch Herzenswünsche erfüllte, als das Geld dafür eigentlich viel zu knapp war. Rein rational betrachtet – aber wann agieren wir Menschen denn rein rational? – hätte sie jeden Pfennig sparen müssen. Emotional betrachtet dachte sie wohl, dass es auf die paar Mark nicht mehr ankomme.

Saidiya Hartman erzählt in ihrem formal wie inhaltlich berückenden Buch *Aufsässige Leben, schöne Experimente* eine alternative Geschichte der zweiten und dritten Generation Schwarzer Frauen und Queers nach dem Ende der Sklaverei in den USA. Es geht ihr darum, eine Gegenerzählung zu den vorherrschenden Erzählungen über Armut und Schwarzes Elend zu etablieren, in denen Schwarze entweder nur als Täter (in Gerichtsakten und Gutachten) oder als Opfer der Verhältnisse (in journalistischen Berichten und Sozialreportagen) auftauchen. Sie zeigt das Leben dieser Personen, mit allen Härten, als Suche nach privatem Glück und politischem Aufbruch. Hartman kommt wiederholt darauf zu sprechen, wie Sozialreformer sich auf das Elend der Lebenssituation fixierten, darüber jedoch den Sinn für Kreativität und Schönheit selbst in der ärmsten Stube aus dem Blick ließen: »Vieles taucht in den Fotografien gar nicht auf, wie zum Beispiel die drei Blumentöpfe auf der Fensterbank, die Patchworkdecken über den dicken Matratzen, die in Stoff und Spitze eingeschlagenen Bibeln, die an den Wänden aufgehängten Illustrationen aus dem Bestellkatalog. Die Reformerinnen und Journalisten waren ganz auf die überbelegten Einraumwohnungen fixiert.« (Hartman, *Aufsässige Leben*, S. 43)

Hartman geht es um das grundsätzliche Problem, wie die Leben der armen Leute beschrieben werden: Der sozialreformerische Blick richtet sich auf das Leid und Elend, in der Absicht, die Lebensumstände zu verbessern und die Mittelklassen, die wegschauen, mit der Lebensrealität der Armen zu konfrontieren. Dadurch wirken die Arbeiter und Armen wie Ausgeschlossene aus dem Kreis der Kultur, der Sitten, kurz, des menschlichen Lebens schlechthin. Es geht also um eine Gratwanderung, bei der man den Armen nicht kurzerhand abspricht, sich als Menschen entfalten zu können, sondern vielmehr den Blick gerade auf die Versuche lenkt, Schönheit in der Armut herzustellen. Allerdings droht dadurch die Verkitschung der Armut. Das geschieht beispielsweise, wenn westliche Urlauber südostasiatische Urlaubsparadiese aufsuchen und bei der Heimkehr verkünden, wie bescheiden und freundlich die Menschen trotz oder wegen ihrer Armut seien. Sie seien glücklich, weil sie nicht viel zum Leben bräuchten, wird dann zynischerweise impliziert.

Das Schöne in der Armut ist wie ein Akt der Auflehnung, des Widerstands, gerade weil das klassistische Klischee besagt, dass Menschen, die arm sind, keinen Sinn für Schönheit hätten, zufrieden seien mit dem Billigen und Hässlichen, das für sie gerade gut genug sei. Das klassistische Klischee besagt, dass Arme kein Verständnis für Ästhetik besitzen – das zeigen doch wohl ihre Kleidungsweisen, das Haarstyling, die sackartigen Klamotten aus dem Aldi-Wühlkorb.

Zum Thema Moden und Klassismus hat irina nekrasov_a einen Beitrag in dem von Francis Seeck herausgegebenen Sammelband *Solidarisch gegen Klassismus* veröffentlicht. nekrasov_a schreibt: »Für mich heißt also arm sein nicht, nichts tragen, sondern austragen, fertigtragen, weitertragen, Schnäppchen suchen, Schnäppchen finden, aber keine Ahnung haben davon, was Menschen meinen mit: ihren eigenen Stil finden, sich über ihr Outfit neu erfinden, ich verstehe den Zusammenhang zwischen Kleidung und Identität anders als die, die sich ihre Kleidung schon immer einfach im Laden ausgesucht haben.« (nekrasov_a, »durchgehen«, S. 264)

Nudeln für 39 Cent

Einmal hatte ich eine gemeinsame Lesung mit Martin Piekar, einem der Preisträger beim Bachmann-Preis 2023. Piekar ist vor allem als Lyriker bekannt, und in einem seiner Gedichte tauchte sie auf: die Nudelpackung für 39 Cent. Ehrlich gesagt blitzte in diesem Moment ein Bild in meinem Kopf auf: Ich greife ins Netto-Regal und wähle die Spaghetti der Netto-Eigenmarke. Bisschen Ketchup dazu und Jagdwurst, und schon hatte ich eine Mahlzeit. Mein Partner rümpft heute die Nase, wenn er Spaghetti kocht und ich ihn bitte, statt der selbstgemachten Tomatensoße doch einfach Jagdwurst (in der veganen Version) und Ketchup in den Topf zu hauen. »So etwas«

isst man anscheinend nicht. Aber es handelt sich für mich um Soulfood, obwohl oder gerade weil es nichts Besonderes ist.

Es mag seltsam erscheinen, dass ich mich an die Dinge und ihre Preise so genau erinnere, aber das ist eine typische Erfahrung der Angehörigen der Armutsklasse: Was ein Päckchen Nudeln beim Discounter kostet, was der günstigste Preis für eine Waschmaschine ist, das weiß man. Man studiert Discounter-Prospekte wie Bibeln. Gleicht Preise ab und versteht irgendwann, dass andere Discounter nachziehen, wenn einer von ihnen starke Rabatte auf bestimmte Produkte gibt. Gibt es diese Woche Butter im Sonderangebot in Discounter A, wird es sie nächste Woche in Discounter B im Angebot geben. Dann kann man sich mit einem Vorrat eindecken. Dafür muss man beim Kauf auf die Haltbarkeitsdaten achten. Daher rührt auch die große Beliebtheit etwa von Nudelgerichten unter Menschen der Armutsklasse. Sie sind lange haltbar, man kann sie günstig auf Vorrat kaufen.

Doch egal wie man spart, egal wie genau man kalkuliert, das System bricht zusammen, wenn man an der Kasse steht und die EC-Karte streikt, weil irgendeine Gebühr unerwartet abgebucht wurde. Die Scham ist grenzenlos und wühlt sich in die Eingeweide. Es ist, als würde einem ein Messer im Bauch umgedreht, ganz langsam, und man muss dem weinenden Kind erklären, warum man die Einkäufe, die sich doch zum Greifen nah im Einkaufswagen stapeln, nicht mitnehmen kann.

Während ich diesen Text schreibe, liegt die amtliche Inflationsrate bei 7 Prozent. Die tatsächliche Preissteigerung schlägt bei einigen Produkten des täglichen Bedarfs aber besonders stark durch. Ein halbes Pfund Butter gibt es für drei Euro, Aufback-Croissants für 1,89 Euro statt 99 Cent. Nicht nur Milchprodukte sind bisweilen um ein Drittel oder beinahe die Hälfte teurer geworden. Auch vegane Ersatzprodukte von Milch, Ei und Co. sind traditionell hochpreisig. In meiner Online-Bubble aus Autoren und Journalisten spielen die Preise des täglichen Bedarfs keine Rolle. Übrigens wird das in den Debatten um die Kriegsmüdigkeit der Deutschen bewusst ausgeklammert: Wer ignoriert, dass der Krieg in der Ukraine die Dinge des täglichen Bedarfs enorm verteuert hat, während Bedarfssätze und Einkommen eben nicht im gleichen Maße steigen, der sollte Kriegsmüdigkeit nicht als unmoralische Haltung abtun. Erst kommt das Fressen, dann die Moral. Oder anders: Für viele Eltern stehen die gefüllten Mägen ihrer Kinder noch vor moralischen Verpflichtungen der ukrainischen Bevölkerung gegenüber. Moralische Urteile lassen sich aber so viel leichter fällen, wenn man satt und im Warmen ist, wenn es einem an nichts mangelt und man die Preissteigerungen letztlich kaum wahrnimmt.

Man muss sich vermeintlich rein ethische Entscheidungen wie das Essen von Bioprodukten oder das Kaufen von Kleidung, die unter nicht ausbeuterischen Bedingungen hergestellt wurde, leisten können. Es ist ein frustrierender Kreislauf der Armut: Wer hierzulande arm ist, ist froh darüber, dass es beim Discounter Kinderspielzeug, Klamotten, Bettwäsche und andere Haushaltsartikel zum Knüllerpreis gibt. Aber dieser günstige Preis erzeugt enorme Kosten für Mensch und Umwelt in den Herstellerländern, in denen Arbeiter – darunter Kinder – nicht sicher sein können, dass die Fabrik, in der sie arbeiten, am Ende ihrer Schicht noch steht. Die Armen hierzulande müssen die Augen vor der Tragik der Armen am anderen Ende der Welt verschließen, wenn sie halbwegs gut leben wollen. Da helfen auch keine wohlfeilen Feuilletonappelle, die die Billigheimerei der Deutschen ankreiden. Immerhin sind

20 Prozent der Bevölkerung von Armut betroffen oder armutsgefährdet.

Zugleich wirken klassistische Vorurteile hier ganz besonders stark: Es gab eine Zeit, in der permanent über die Herstellungsbedingungen von Discounterkleidung gesprochen wurde. Billige Kleidung hat ihren Preis, erzählte man uns. Damit suggerierte man, dass einkommensarme Leute die Schuld trügen an der Umweltverpestung und dem Leid der Armen am anderen Ende der Welt. Dabei gibt es keinen strengen Zusammenhang zwischen dem Preis der Kleidung und den Herstellungsbedingungen. Zwar wird man ökologisch halbwegs unbedenkliche Kleidung nicht extrem billig herstellen können; das heißt aber im Umkehrschluss noch lange nicht, dass teure Kleidung unbedenklich ist. Nicht selten wird sie ja in denselben Fabriken produziert.

Auch die Tatsache, dass einkommensarme Menschen viel seltener neue Kleidung kaufen, egal aus welcher Quelle, wird ignoriert. So sind viele Debatten über Konsum und das vermeintliche Problem, dass Dinge zu billig seien, verdeckt klassistische Debatten. Nehmen wir nur Billigflüge: Ich selbst fliege nicht in den Urlaub, wir beschränken unsere Reiseziele auf die Nachbarländer, die mit der Bahn zu erreichen sind – Polen, Tschechien, Dänemark und Frankreich etwa. Rechnet man aber zusammen, was man für Bahntickets, Ferienwohnung und Essen selbst in verhältnismäßig günstigeren Reiseländern wie Polen ausgibt, so stellt man fest: Mit einem All-inclusive-Urlaub kommt man, dank Billigfliegerticket, meist sehr viel günstiger weg. Und das ist für Menschen, die sich selten Urlaub leisten können, ein entscheidendes Kriterium. Während ich diesen Text schreibe, meldet Eurostat, das europäische Amt für Statistik, dass sich jeder fünfte Deutsche nicht einmal eine Woche Urlaub leisten kann – es handelt sich offensichtlich um die Gruppe der Einkommensarmen.

Dass die Armen schlichtweg nicht mit Geld umgehen können, das ist ein weiteres Klischee. Tatsächlich hat, wer in Armut aufwächst, ein gespaltenes Verhältnis zu Geld. Grob gesagt gibt es zwei Möglichkeiten: Die einen drehen so hartnäckig jeden Cent um, dass sie zu Expertinnen des Sparens werden – wobei Sparen oft nur heißt, dass man keine Schulden macht. Die anderen geben Geld aus, wenn es da ist, denn was man hat, das hat man, was die Zukunft bringt, ist dagegen ungewiss. Letzteres war immer meine Herangehensweise. Für die Mittelklassen ist angespartes Geld ein Versprechen auf die Zukunft, in der man sich womöglich einen großen Wunsch erfüllen kann: ein Auto, ein Haus. Da solche Träume absolut unerreichbar sind in der Welt der Armutsbetroffenen und man ebenso gut davon träumen könnte, Astronautin zu werden, hatte ich ein völlig anderes Verhältnis zu Geld: Es ist Mittel zum Zweck im Hier und Jetzt.

Wenn ich Geld übrig hatte – aus einem unerfindlichen, mystischen Grunde –, gab ich es aus. Einmal ins Kino gehen, einmal ein schönes Kleid kaufen. Die tolle Playmobil-Pirateninsel für den Kleinen. Woher weiß man, was in fünf Jahren sein wird und ob die gesparten zwanzig oder dreißig Euro angesichts von Null-Zins-Politik und Inflation nicht real an Kaufkraft einbüßen werden? Denn Sparen setzt nicht nur Wissen voraus: Die wenigen lukrativen Anlagemöglichkeiten, die es derzeit noch gibt, setzen hohe investitionsfähige Geldsummen voraus. In Aktienfonds zu investieren funktioniert eben nicht mit mickrigen zwanzig Euro. Paradoxerweise ist der adhoc-Konsum tatsächlich klüger, jedenfalls dann, wenn man die realen Kaufkraftverluste angesichts niedriger Zinserträge einkalkuliert. Armut bedeutet, das Gefühl von Zukunft zu verlieren: Im besten Falle denkt man nicht an sie, im schlimmsten Falle ist sie Bedrohung, doch nie ein Versprechen.

Es gibt ein Experiment aus der Verhaltenspsychologie, das inzwischen recht berühmt geworden ist, dessen Interpretation jedoch klassistische Denkmuster offenbart: Es handelt sich um das Marshmallow-Experiment. Die Versuchsanordnung ist einfach: Ein Versuchsleiter präsentiert einem Kind zwei Wahlmöglichkeiten – es bekommt ein Marshmallow, das es gleich essen oder »aufsparen« kann. Der Versuchsleiter verspricht, dass das Kind ein zweites Marshmallow bekommt, wenn er wiederkommt – vorausgesetzt, das Kind hat bis dahin nicht das erste Marshmallow gegessen.

Die Forscher stellten einen Zusammenhang zwischen dem Verhalten im Experiment – sofort essen oder aufsparen – und späterem Lebenserfolg fest. Demnach sind Kinder, die warteten, später erfolgreicher und haben ein höheres Einkommen. Das Experiment wird häufig so gedeutet, dass ein Kind, das sich klug verhält und (in gewisser Weise tugendhaft), später im Leben erfolgreicher ist. Wer schon als Kind langfristig denkt, statt einem kurzfristigen Impuls nachzugeben, der wird auch später langfristig klug handeln.

Doch was, wenn das Kind, das am Versuch teilnimmt, hungrig ist oder zu Hause manchmal hungrig bleibt? Was, wenn die Familie von der Hand in den Mund lebt? Mit anderen Worten: Was, wenn die Frage, welche Entscheidung ich treffe, weniger mit meiner Persönlichkeit oder meinen Fähigkeiten zu tun hat als mit meinen negativen Erfahrungen, die ganz wesentlich mit Klasse und Herkunft zusammenhängen? Was, wenn das Kind klug handelt, indem es sich jetzt den Bauch füllt, statt auf Rendite zu warten?

Das Experiment ist also in zweierlei Hinsicht klassistisch: weil es ausklammert, dass es einen Zusammenhang von Klassenzugehörigkeit und Lebenserfolg gibt und dass bereits die Entscheidung im Kindesalter weniger freier Wille oder freie Wahl ist als das Agieren im Rahmen der Verhältnisse, die man kennt und erlebt. Es erfüllt zudem eine klassistisch-ideologische Funktion, weil es im Verborgenen plausibilisiert, warum manche Menschen erfolgreicher sind als andere: Sie treffen angeblich die klügeren Entscheidungen, sind tugendhafter.

Ganz unten

Es gibt noch eine Gruppe von Menschen, die ich nicht einmal zu ›den Armen‹ zählen möchte – man muss hier noch einmal den Begriff der relativen Armut aufrufen – ich meine die Obdachlosen, die Drogen- und Alkoholabhängigen auf den Straßen, die Zwangsprostituierten, die Menschen, die nicht nur arm sind, sondern in vielerlei Hinsicht hoffnungslos. Die Klasse der Hoffnungslosen vor der wir hartnäckig die Augen verschließen. Das unterste Prozent also. Neulich morgens betrat ich den Frankfurter Hauptbahnhof; ich musste mich daran erinnern, dass ich – obwohl ich inzwischen in einer Großstadt lebe – eben doch aus einer Kleinstadt stamme. Der Anblick der jungen Menschen, die sich in aller Offenheit Stoff in ihre Venen drückten, ohne mich zu sehen, und von denen ich mir nicht sicher war, ob sie sich wünschten, dass ich sie sehe, oder ob sie sich sowieso schon unsichtbar fühlten, der Anblick also versetzte mir einen Schlag in die Magengrube. Sollte ich weggucken oder sie durch meine Blicke belästigen? Sollte ich helfen? Durch eine Spende? Wo, an welchem Punkt, haben sie im Leben verloren, und gäbe es einen Weg zurück in die Normalität?

Am U-Bahnsteig lag ein älterer Mann auf einer der Bänke; er stank, und die Menschen wandten sich angewidert ab. Ich schaute hin, einmal, zweimal. Lebte er noch? Er rührte sich nicht, und ich wusste nicht, ob es der Rausch war, der solch einen festen Schlaf bewirkte, oder unendliche Müdigkeit. Eine Zeitlang sah ich in Leipzig regelmäßig eine alte Dame, die bettelte. Ich sage Dame, weil sie sich sehr damenhaft benahm. Sie trug einen langen weiten Rock, samtene Hüte, samtene Jacken. Sie erinnerte mich an die Zauberer in den frühen Harry-Potter-Filmen, an eine Fantasy-Viktorianerin. Und immer, wenn sie in ein Café kam, um ihre Obdachlosenzeitung zu verkaufen, schenkte sie mir beim Kauf einen Bernstein, den sie aus einem samtenen Säckchen an ihrem Gürtel zog. Den ersten Stein, den sie mir gab, schenkte ich meinem Mann. Der Rest landete in einem Säckchen mit Souvenirs. Dann kam Corona, und ich saß nicht mehr in Cafés. Nach Ende der Corona-Maßnahmen sah ich sie nie wieder.

Auf dem Weg in unseren Garten kam ich regelmäßig an einer weiteren alten Frau vorbei. Sie trug feste schwarze Lederhosen, einen dicken schwarzen Anorak, auch bei 37 Grad im Schatten. Sie lag da, mit all ihrem Hab und Gut, und schlief in der Sonne. Schlafen ist nicht das richtige Wort. Es wirkte wie ein Zustand kurz vor dem Tod, ein seltsamer Übergangsmoment von einem wachen zu einem bewusstlosen Zustand. Ein Nicht-mehr-Leben.

Klassismus bedeutet, dass man Angst hat, diese Frau anzusprechen, sie zu fragen, ob sie einen Schluck Wasser benötigt. Eines Tages sah ich eine Frau mittleren Alters. Sie hatte sich neben die obdachlose Frau gekniet, ihr eine Flasche Wasser angereicht, und die obdachlose Frau wirkte ansprechbar, beinahe rege, und ich wunderte mich, dass diese kleine Geste der Menschlichkeit sie aus ihrem Zustand der Bewusstlosigkeit geholt hatte. Warum wunderte ich mich?

Neulich ging ich mit meiner Familie einkaufen. Wir betraten das Aldi, vor dem wie immer eine mittelalte Frau bettelte. Sie war vielleicht Rumänin, sie sprach nur wenige Brocken Deutsch. Ich ging an ihr vorbei und warf ihr die Münzen, die in meiner Jackentasche klimperten, in ihren Plastikbecher. Es waren drei Euro. Sie, die vorher auf dem Boden gekauert hatte, unbeweglich, und ihr »bitte, bitte, bitte« wie eine Beschwörungsformel dahergebetet hatte, richtete sich plötzlich auf. »Bitte ein Sandwich kaufen, und kannst du trinken bringen? Ein Sandwich.« Sie führte die gespitzten Finger zum Mund. Ich schüttelte den Kopf. »Nein, nein«, sagte ich. Ich erstarrte. Es war seltsam, aber ich wurde beinahe wütend. Ich dachte mir: »Kannst du nicht das Geld nehmen und essen kaufen?« Es war, als hätte jemand eine wohlbekannte Prozedur gestört. Mein »Nein, nein« wirkte wie eine Übersprunghandlung. Ja, warum denn nicht? Wahrscheinlich, weil ich dachte: Sie hätte sich lieber dankbar zeigen sollen für meine Almosen!

Ich bin kein schlechter Mensch. Nicht schlechter als der Durchschnitt, würde ich meinen. Ich bin moralisch aber nicht unfehlbar. Das ist es, was ich meinte, als ich sagte, wir alle dächten im Kern klassistisch. Ich bin frustriert angesichts antiklassistischer Ratgeber, die so tun, als könne man Klassismus durch Training abschütteln. Dabei ist dieser Klassismus ein Impuls, ein von klein auf erlernter Mechanismus. Zunächst einmal geht es um Bewusstwerdung. Die Frage also, warum man so denkt, wie man denkt. Warum denke ich also, dass die Frau mit dem bisschen, das ich ihr gebe, zufrieden sein muss, und dass es beinahe unverschämt ist, dass sie mehr will, noch mehr will?

Weil ich, wie die allermeisten von uns, denke, dass der, der Almosen bekommt, sich gütig bedanken muss. Wie der Mann Mitte vierzig, der auf der Peterstraße sitzt mit seinem Hund, und mir, wenn ich einmal wöchentlich vorbeikomme, um ihm ein paar Euro in den Topf zu werfen, sehr freundlich, beinahe ergebenst, einen guten Tag wünscht.

Und um den ich einen großen Bogen mache, wenn ich kein Kleingeld dabeihabe, das ich ihm zustecken kann, weil ich mich schäme, etwas einzukaufen und ihn nicht wenigstens ein bisschen an dem Wechsel des Geldes teilhaben zu lassen. Natürlich ist das ein Ablasshandel.

Und deswegen, so vermute ich, bin ich wütend auf die Frau, die sich an dem Ablasshandel nicht beteiligt, mir nicht versichert, dass ich großzügig bin und deswegen einen guten Tag verdiene. Nein, sie hätte gerne noch mehr. Warum denn auch nicht? Warum ist es okay, mehr zu wollen, wenn man vier- oder fünftausend Euro netto im Monat zur Verfügung hat, nicht aber, wenn man fast nichts hat? Warum muss bescheiden sein, wer arm ist? Und ist die Frage nach dem Sandwich nicht eigentlich ein Akt des Widerstandes gegen das so billige Freikaufen vom schlechten Gewissen?

Klassismus, aber anders

Zu den womöglich unangenehmsten Aspekten von Klassismus gehört der Klassismus derjenigen, die sich dem Einsatz für gesellschaftliche Gerechtigkeit verschrieben haben. Doch selbst Bewegungen, die im Kern emanzipatorisch sind, können klassistisch agieren oder denken. Das beste Beispiel dafür ist der Feminismus. Durch alle Wellen der feministischen Entwicklungen zieht sich zunächst eine Blindheit für Klassenfragen, bis diese dann explizit im intersektionalen Feminismus thematisiert wurden. Doch selbst Feministinnen, die sich als intersektional begreifen oder etwa grundsätzlich den Kapitalismus kritisieren, scheitern in der Realität an der Anerkennung von Klassendifferenzen. Das typischste Beispiel ist die Hausfrauen-Frage bzw. die Frage der Erwerbsbeteiligung von Frauen.

Über Jahrzehnte hinweg war das Hausfrauenproblem eine Art Kernanliegen des westlichen Feminismus: Isoliert und zur Untätigkeit verdammt, mit der Kinderpflege betraut und nicht in der Lage, sich individuell zu entfalten, sitzt die Frau zu Hause und darf nicht arbeiten. Später erkannte man dann, dass sie Care-Arbeit leistet, aber das Urteil über das Subjekt blieb dasselbe: Diese Frau musste befreit werden. Dabei schloss man von den Lebensbedingungen eines kleinen Teils der Frauen auf die aller Frauen, über alle Klassengrenzen hinweg.

Zwei Dinge wurden dabei übersehen: Erstens waren durchaus nicht alle Frauen Hausfrauen; sehr viele Arbeiterfrauen, darunter viele Frauen mit Migrationsgeschichte, mussten der Erwerbsarbeit nachgehen. Sie gehörten etwa in den Nachkriegsjahrzehnten zur oft unsichtbaren weiblichen Arbeiterschaft. Das heißt, der Feminismus beschrieb und kritisierte ein Phänomen der Mittelklassen zunächst als allgemeines Problem aller Frauen. Selbst als mehr und mehr Arbeiterfrauen tatsächlich zu Hausfrauen wurden (weil die Arbeiterlöhne stiegen), mussten diese ihr Hausfrauendasein durchaus nicht als Zwang empfinden. Sich nur um den eigenen Haushalt und die eigenen Kinder zu kümmern, statt den Haushalt anderer zu besorgen und die Kinder anderer Leute zu betreuen, empfanden viele wohl nicht als »Rückdrängung der Frauen in das Private«. Vielleicht erlebten sie es sogar als Erleichterung. Und hiermit kommen wir zum zweiten Punkt: Tatsächlich nämlich kann man das Hausfrauendasein als ein Privileg verstehen. Es bedeutet zunächst, dass ein Erwerbseinkommen ausreicht, um eine Familie zu ernähren. Auch wenn uns dabei die klassische Rollenaufteilung aus emanzipatorischen Gründen missfallen mag, kann sie für die individuelle Frau vorteilhaft sein. Vielleicht empfindet sie die »Ausbeutung« ihrer Arbeitskraft durch ihren Ehemann immer noch als angenehmer als die Ausbeutung ihrer Arbeitskraft durch einen Arbeitgeber. Mit anderen Worten: Dass man Frauen jahrzehntelang erzählte, der Weg der Emanzipation führe über Erwerbsbeteiligung, ohne aber gleichzeitig zu bemerken, dass es einen großen Unterschied macht, ob man dann als Lehrerin, Erzieherin oder als Kassiererin arbeitet, ist ein deutliches Indiz für klassistische Blindheit.

Anja Meulenbelt, die mit ihrem wegweisenden Buch *Scheidelinien. Über Sexismus, Rassismus und Klassismus* den Klassismusbegriff im deutschen Sprachraum etablierte, weist auf ein weiteres Problem der Frauenbewegung der Mittelklassen hin: Laut ihrer Beobachtung hätten Mittelklassefeministinnen von Arbeiterinnen häufig verlangt, sich von ihren Männern zu distanzieren – eben weil diese ihre Arbeitskraft im Haushalt ausbeuteten. Die Arbeiterinnen hätten aber mit Unverständnis auf diese Forderung reagiert. Für die aus der Perspektive so mancher Mittelklassefeministin unverständliche Solidarität der Arbeiterinnen mit ihren Männern führt Meulenbeck einen einfachen Grund an: »Arbeiterfrauen sehen, daß ›ihre‹ Männer hart arbeiten müssen und auch unterdrückt werden, nicht als Mann, aber als Lohnabhängiger. Und das bedeutet nicht nur Streit untereinander und Ungleichheit, sondern auch Loyalität.« (Meulenbelt, *Scheidelinien*, S. 139)

Meulenbelt nennt noch weitere Beispiele für den Klassismus ihrer feministischen Mitstreiterinnen: So sei die Verächtlichmachung von Misswahlen und anderen Veranstaltungen, die Urteile über die Schönheit von Frauen fällen, ebenfalls klassenblind. Solch eine Misswahl – man könnte heute ebenso Formate wie *Germany's Next Topmodel* auf Klassenfragen untersuchen – biete vielen Frauen, die kaum berufliche Entwicklungspotenziale haben, die Chance, »weiterzukommen«. (Ebd., S. 133 f.) Das könnte übrigens eine Antwort auf die Frage liefern, warum junge Frauen an GNTM oder ähnlichen Formaten teilnehmen, obwohl sie wissen, dass sie dort bloßgestellt und unter Druck gesetzt werden. Selbst das ist bisweilen besser als ihr gewöhnliches Leben. Auch die Frauen, die sich heute auf Instagram als Influencerinnen präsentieren und die dafür verlacht werden, dass sie Shampoos, Make-up oder Sporthosen an ihre riesige Fangemeinde verkaufen, hatten womöglich wenige verlockende Karriereoptionen. Schönheit kann ein entscheidender Faktor beim Klassenaufstieg sein.

Es gibt zwei Dinge, die in der Bevölkerung ziemlich gleich und ziemlich gerecht verteilt sind: Intelligenz und Schönheit. Das unterscheidet sie deutlich vom Kapital. Warum soll man seine Schönheit nicht einsetzen, um den Klassenaufstieg zu vollziehen und möglicherweise einen erfolgreichen, wohlhabenden Mann zu heiraten? Frauen, denen dank ihrer Klassenzugehörigkeit ein anderer Weg offensteht, mögen das als unanständig oder rückwärtsgewandt empfinden – aber aus Sicht der Betroffenen erscheint es als legitim. Oder wie es Jutta Allmendinger formulierte: »Der Heiratsmarkt bezahlt Frauen besser als der Arbeitsmarkt.«

Wir müssen noch einmal darauf zu sprechen kommen, was Arbeit je nach Klassenzugehörigkeit wirklich bedeutet: Tatsächlich bedeutet Arbeit für viele akademisch gebildete Mittelklassefrauen Selbstverwirklichung. Man kann auf einem bestimmten Feld Erfolge feiern, sich beweisen. Berufliche und persönliche Entwicklung gehen Hand in Hand. Wenn am Ende der persönlichen Bemühungen das Ziel »Frau Dr.« lautet, ist verständlich, warum Arbeit zur Steigerung des Selbstwertgefühls beiträgt. Wer dagegen beruflich Windeln wechselt, mag sich fragen, ob es nicht ebenso schön und erfüllend ist, nur die Windeln der eigenen Kinder zu wechseln. Und wer gar zwölf Stunden täglich auf dem Spargelfeld schuften muss, wird diese Arbeit gewiss nicht als Selbstverwirklichung oder Emanzipation betrachten können. Verglichen damit wäre das Hausfrauendasein ein Privileg.

Diese feministische Blindheit für Klassenfragen war und ist der Tatsache geschuldet, dass die allermeisten prägenden feministischen Stimmen einen bürgerlichen bzw. Mittelklasse-Background haben und/oder akademisch gebildet sind. Wie wichtig der Perspektivwechsel in der Klassenfrage ist, dürfte deutlich geworden sein. Es gibt aber weitere Beispiele für Blindheiten in Klassenfragen, die vielleicht noch überraschender sind. Sie betreffen beispielsweise den »antimuslimischen Rassismus«.

Ich muss vorwegschicken, dass ich den Begriff per se problematisch finde, da Muslime offensichtlich keine »Rasse« sind. Selbst wenn man immer schon einkalkuliert, dass Rasse eine konstruierte Kategorie ist, wirkt der Begriff schief. Er macht zudem einen wichtigen Aspekt der Feindlichkeit gegenüber Muslimen unsichtbar. Schauen wir uns die typischen Vorurteile gegen Muslime in Deutschland einmal genauer an.

Muslime gelten als weniger bildungsaffin oder schlicht bildungsfern. In den Großfamilien (die Idee einer muslimischen Kleinfamilie scheint gar nicht zu existieren) kümmere man sich nicht um die geistige Entwicklung der Kinder, weswegen diese auch in der Schule nicht zurechtkämen. Insgesamt wird immer wieder der Missbrauch gesellschaftlicher Solidarität unterstellt – man nutze das Sozialsystem oder eben das Asylrecht schamlos aus. Die Rede ist dann von ganzen Familienclans, die gemeinsam die Solidargemeinschaft abzocken würden und insgesamt kriminell seien. All das sind Stereotype, die man auch als klassistisch lesen kann.

Tatsächlich waren die türkischen Einwanderer, die seit den 1950er Jahren nach Deutschland kamen, oft einfache Arbeiter – egal ob Männer oder Frauen, sie schufteten als Reinigungskräfte und Fabrikarbeiter. Sie waren häufig bildungsfern – wie ihre deutschen Pendants am Fließband. Bereits für die Generation ihrer Kinder gilt das nicht mehr. Trotzdem wird so getan, als seien Muslime nicht nur eine einheitliche Gruppe, sondern auch eine einheitliche Klasse von Menschen.

Aber es gibt doch auch Aspekte von »antimuslimischem Rassismus«, die nicht klassistisch konnotiert sind, oder? Etwa die Tatsache, dass man muslimischen Männern unterstellt, sie würden Frauen unterdrücken und schlagen oder seien häufiger sexuell übergriffig. Doch sind das nicht auch klassistische Stereotype über den Arbeitermann? Der einfache Arbeiter gilt als Mann, der Frauen nachstellt, ihre Grenzen nicht respektiert und sexistisch ist. Fixiert ist das im Klischeebild des Bauarbeiters, der Frauen sexuell belästigt.

Offensichtlich geht es hier nicht um ein Entweder-Oder, also die Entscheidung, ob es sich um reinen Rassismus oder Klassismus handelt, sondern darum, sichtbar zu machen, dass es wiederum eine Verschränkung rassistischer, sexistischer und klassistischer Vorurteile gibt. Das würde erklären, warum aus muslimischen Ländern stammende oder von muslimischen Eltern erzogene Männer in Talkshows vielfach als Kronzeugen gegen andere muslimische Männer und deren Neigung zur Gewalt oder zu Sexismus auftreten können: Hochgebildete Männer wie Hamed-Abdel Samad oder Ahmed Mansour werden offensichtlich nicht mit denselben klassistischen Vorurteilen konfrontiert wie arbeitslose Geflüchtete.

Eine besondere Spielart des Klassismus findet sich im Falle der muslimischen Frau, die eine Karriere anstrebt. Seit Jahren gibt es Diskussionen um Lehrerinnen mit Kopftuch – bemerkenswerterweise hat niemand jemals gefordert, eine Reinigungskraft müsse ihr Kopftuch ablegen. Doch mit dem Aufstieg innerhalb der Klassengesellschaft erscheint das Kopftuch plötzlich als Fremdkörper und Politikum. Vordergründig wird moniert, die Weltsicht des Islams passe nicht zu den liberalen

Werten der Bundesrepublik. Doch geht es nicht auch darum, dass der Islam als rückschrittlich, als Religion der Bildungsfernen und einfachen Arbeiter wahrgenommen wird und dass wir erwarten, dass sich eine gebildete Frau von dieser Religion distanziert?

Womöglich unterliegen selbst Religionen oder Kulturen einer klassistischen Deutung. In dem Sinne, dass die Angehörigen der Religion zugleich als Angehörige einer geschlossenen Klasse begriffen werden. Genau das passiert, allerdings mit umgekehrten Vorzeichen, im Antisemitismus, wenn man unterstellt, alle Juden seien reich, gebildet und politisch einflussreich – und als solche Teil einer weltumspannenden Elite. Man könnte sagen, dass komplexe Ressentiments darauf aufbauen, den als ultimativ anderen Markierten – egal, ob es nun ein Jude oder Muslim ist – zugleich als Klassenfeind darzustellen. In beiden Fällen werden Muslime bzw. Juden als Feinde der ganz normalen Bürger geframt – einmal als Teil einer im Verborgenen agierenden Elite, einmal als Teil einer die Sozialsysteme unterwandernden Unterschicht. Dass diese klassenbezogenen Ressentiments hinzutreten, ist gar keine Überraschung, denn die Stereotypenbildung vollzieht sich vor dem Hintergrund eines kapitalistischen Klassensystems, in das die anderen ideologisch integriert und in dem sie zugleich ausgegrenzt werden.

Schluss – und Ausblick

Was kann man gegen Klassismus unternehmen? Diese Frage bekomme ich häufig bei Lesungen oder Podiumsdiskussionen gestellt. Weil wir einstweilen auf die Überwindung der Klassengesellschaft im Zuge der Beseitigung des kapitalistischen Systems warten müssen, sind die Punkte, die ich nennen kann, eher unbefriedigend. Offensichtlich ist der erste Schritt ein Bewusstseinswandel, oder besser: die Bewusstmachung der eigenen Vorurteile. Danach kann man sich fragen, auf welchen Ebenen diese Vorurteile womöglich politisch instrumentalisiert werden. Bisweilen ist es leichter, zu benennen, was nicht hilfreich ist. Was kann man sich, salopp formuliert, in die Haare schmieren, wenn man Klassismus bekämpfen will? Hier ein Drei-Punkte-Programm ex negativo:

Hört auf, eure Privilegien zu checken!

Der Privilegiencheck ist zum geflügelten Wort verkommen. Dass man bereits seine eigenen Privilegien gecheckt hat, gilt als Ausweis des Bewusstseins, zugleich ermöglicht der Check, anderen ihren mangelnden Privilegiencheck anzukreiden. Im Grunde ist der Privilegiencheck ein Machtinstrument, das zuallererst der Selbstvergewisserung dient, dass man auf der richtigen Seite steht. Ich schließe mich hier selbst ein. Ich sage sehr häufig in Nebensätzen, dass ich weiß, dass ich aus diesen und jenen Gründen aus einer privilegierten Situation heraus argumentiere. Damit ist nicht gemeint, dass man sich nicht selbst einmal fragen sollte, an welcher Stelle man vielleicht von Strukturen oder ererbten Vorteilen profitierte. Aber die ostentative Zurschaustellung der Einsicht in die eigenen Privilegien bringt niemandem etwas. Zumal vermutlich niemand seine Privilegien so einfach aufgeben möchte. Wenn auf den Privilegiencheck nichts folgt, handelt es sich nur um eine hohle Floskel. Und ehrlich, die braucht niemand.

Organisiert euch, statt einander zu therapieren!

In nicht wenigen Podiumsdiskussionen gleitet das Gespräch über Privilegien (*here we go again*) und Benachteiligungen in eine Art Therapiegespräch ab. Jeder erzählt einmal, wo er Benachteiligung erfahren hat oder beschämt wurde. Insbesondere die Rede von der Scham im Kontext von Klasse und Klassismus ist zweischneidig. Ich weiß, dass es vielen Menschen hilft, ihre Erfahrung von Scham oder Beschämung mit anderen zu teilen oder zu hören, dass andere bereits dasselbe erlebt und empfunden haben. Es ist wichtig, die gesellschaftliche Funktion des Beschämens etwa von Bürgergeldempfängern herauszuarbeiten. All das ist Teil einer Analyse der herrschenden Ideologie.

Doch das Sprechen über Scham und Benachteiligung kann eine emotionale Sackgasse bilden. Ich war einmal Teil einer Podiumsdiskussion, bei der sich eine Frau aus dem Publikum darüber beklagte, dass das Publikum nicht gleichberechtigt über seine Erfahrungen mit Klassismus berichten dürfe. Wir gaben ihr also das Wort. Als sie sprach, brach sie in Tränen aus, ihre Wut und offensichtliche Verzweiflung verhinderten, dass sie einen klaren Gedanken formulieren konnte. Sie setzte sich, wie ich glaube, schamerfüllt.

Wenn es um Gefühle geht, dann gibt es keinen logischen Grund, zwischen Publikum und Podium zu unterscheiden. Die Auswahl derjenigen, die auf solch einem Podium sitzen, behauptet aber, dass es Menschen gibt, die etwa aufgrund ihrer Ausbildung oder Tätigkeit kompetenter sind als andere. Drückt sich darin schon eine Klassenkluft aus oder die Macht der einen und die Ohnmacht der anderen? Nein. Nicht immer reicht die Erfahrung am eigenen Leibe für eine klare Analyse. Das heißt nicht, dass man diese Erfahrungen nicht formulieren darf. Vielleicht funktioniert das aber nicht in jedem Rahmen gleichermaßen gut.

Hört auf, Menschen aufgrund ihrer Klassenzugehörigkeit zu idealisieren!

Es ist verständlich, dass antiklassistische Autoren versuchen, ein positives Bild derjenigen zu zeichnen, die mit Vorurteilen überfrachtet werden. Häufig führt das aber zu einer völligen Verklärung derjenigen, die da betrachtet werden. Meist wird jedes klassistische Klischee schlicht in sein Gegenteil verkehrt.

Doch Antiklassismus heißt für mich nicht, Menschen zu verkitschen und ihnen die Würde zu nehmen, indem man sie zu hypermoralischen Engeln stilisiert. Antiklassismus kann nicht darin bestehen, Menschen aufgrund ihrer Klassenzugehörigkeit sofort einen Opfer- oder Täterstatus zuzuweisen. Alle Vorurteile beruhen auf der Idee, dass das Fehlverhalten einer Person repräsentativ für das Verhalten der gesamten Gruppe ist. Man muss gegen diese Annahme argumentieren, statt so zu tun, als seien alle Angehörigen der Arbeiter- oder Armutsklasse über jeden moralischen Zweifel erhaben. Auch sie sind am Ende nur Menschen.

Lektüretipps

»The Economics of Thinness. It is Economically Rational for Ambitious Women to Try as Hard as Possible to be Thin«. In: The Economist. 20. Dezember 2022. https://www.economist.com/christmas-specials/2022/12/20/the-economics-of-thinness. (zuletzt aufgerufen: 20. 7. 2023)

»Jeder Fünfte kann sich keinen Urlaub leisten«. In: tagesschau.de. 16. Juli 2023. https://www.tagesschau.de/inland/urlaub-statistik-100.html. (zuletzt aufgerufen: 19. 7. 2023)

»Nur noch 50 Prozent der Deutschen können Geld ansparen«. In: Spiegel Online. 21. Oktober 2022. https://www.spiegel.de/wirtschaft/nur-noch-50-prozent-der-deutschen-koennen-geld-ansparen-a-8d34bd3d-f534-4066-a29b-0690feb0ae1f. (zuletzt aufgerufen: 24. 7. 2023)

Altieri, Riccardo: #Klassenschranken. Beobachtungen zum Klassismus. Marburg: Büchner Verlag, 2022.

Federici, Silvia: Aufstand aus der Küche. Reproduktionsarbeit im globalen Kapitalismus und die unvollendete feministische Revolution. Münster: edition assemblage, 2015.

Hartman, Saidiya: Aufsässige Leben, schöne Experimente. Von rebellischen schwarzen Mädchen, schwierigen Frauen und radikalen Queers. Berlin: Claassen, 2022.

Hunter, D: Auf uns gestellt. Armutsklasse. Hamburg: Nautilus, 2023.

Meulenbelt, Anja: Scheidelinien. Über Sexismus, Rassismus und Klassismus. Reinbek: Rowohlt, 1988.

Munsberg, Hendrik: »Wer hart arbeitet, hat viel weniger von der Rente«. In: Süddeutsche Zeitung. 16. August 2021. https://www.sueddeutsche.de/wirtschaft/rente-fuer-arbeiter-beamte-lebenserwartung-1.5383591#:~:text=Angestellte%20und%20Selbst%C3%A4ndige%20haben%20im,5%20Jahre%20weniger%20als%20Angestellte. (zuletzt aufgerufen: 25. 7. 2023)

nekrasov_a, irina: »durchgehen«. In: Francis Seeck / Brigitte Theißl (Hrsg.): Solidarisch gegen Klassismus. organisieren, intervenieren, umverteilen. Münster: Unrast Verlag, 2023. S. 264–269.

Vester, Michael / Kadritzke, Ulf / Graf, Jakob: Klassen – Fraktionen – Milieus. Berlin: Rosa-Luxemburg-Stiftung, 2019.

Williams, Joan C.: White Working Class. Boston: Harvard Business School Publishing, 2020.

Wößmann, Ludger, [u. a.]: »Der ifo-›Ein Herz für Kinder‹-Chancenmonitor: Wie (un-)gerecht sind die Bildungschancen von Kindern aus verschiedenen Familien in Deutschland verteilt?«. In: ifo Schnelldienst 76 (2023) H. 4. S. 29–47. https://www.ifo.de/en/publications/2023/article-journal/der-ifo-ein-herz-fuer-kinder-chancenmonitor. (zuletzt abgerufen: 12. 7. 2023)

mafia
karl marx
loriot
star wars
asterix
gehirn
Die drei ???®
reclam.
100 seiten
stephen king
resilienz
antike
reinhard mey
susan sontag
feminismus
depression
biodiversität
Für mehr Informationen zur 100-Seiten-Reihe:
reclam.de/100Seiten